재미있는 한자 세상에 찾아온
여러분을 환영합니다.
초대장에 이름을 쓰고
30일 동안 한자 여행을 떠나 보아요~

초대장

학교_____

이름_____

한자 기초부터 급수한자 8급, 7급을 한번에 끝내요!

초등학생 30일 한자 연습장

이해수 지음 · 김혜진 감수

■ 일러두기

· 한자 급수는 한국어문회 한자능력검정시험 기준으로 분류하였습니다.

· 한자의 훈음은 '한국어문회' 훈음을 따르되, 오늘날의 쓰임새와 동떨어진 옛말, 낮춤말은 '중학교 한문 교육용 기초 한자 900자'에서 주로 쓰이는 훈으로 대신했습니다.

父 (부 : 아비 → 아버지)	母 (모 : 어미 → 어머니)	女 (녀 : 계집 → 여자)
祖 (조 : 할아비 → 할아버지)	夫 (부 : 지아비 → 남편)	市 (시 : 저자 → 시장)
山 (산 : 메 → 산)		

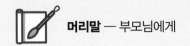

한자를 아는 아이가 공부도 잘해요!

1. 국어는 공부의 기본이고, 그 바탕에 한자가 있습니다.

한국어의 60퍼센트 정도는 한자에서 왔고, 교과서의 핵심 개념어는 90퍼센트가 한자어입니다. 한자를 웬만큼 알면 공부 어휘의 이해가 다를 수밖에 없습니다.

수학 공부의 기본은 국어라는 말이 있듯이, 수학과 과학 문제를 어려워하는 아이들 상당수는 문제 자체를 이해하지 못하는 경우가 많다고 합니다. 예를 들면 삼각형(三角形)과 다각형(多角形), 평행선(平行線), 해류(海流), 광합성(光合成) 같은 어휘를 접할 때 한자를 아는 아이라면 더 잘 이해할 것입니다. 용어의 뜻을 이해하고 외우면 머릿속에도 훨씬 잘 남고요.

2. 한자를 익히면 모든 교과 공부에 도움이 됩니다.

한글은 소리글자이고, 한자는 뜻글자이지요. 뜻글자란 글자 하나하나에 의미나 이치가 담겼다는 말입니다. 산봉우리 세 개의 모양에서 산 산(山)이라는 글자가 나왔고, 나무가 두 개 있으니 수풀 림(林), 나무가 세 개면 빽빽할 삼(森)이 되는 식입니다. 이 같은 한자를 익히면 어휘 이해력이 높아져 공부에 도움이 될 뿐 아니라 생각의 폭도 넓어집니다.

사랑 애(愛)가 상대를 좋아하는 마음(心)에 다가서는 발걸음이 망설여지는(夊: 천천히 걸을 쇠) 모습을 담은 글자이듯이, 한자는 말의 숨은 이치를 알려 줍니다. 하루의 일을 기록하는 게 일기(日記)이고, 스스로를 믿는 마음이 자신감(自信感)이지요? 아이가 단어의 쓰임새를 그저 아는 것을 넘어, 그 말의 참뜻을 깨치게 해주는 게 한자 공부입니다.

3. 한자 공부는 언제부터 시작하면 좋을까요?

　요즘은 유치원 때부터 한자 공부를 시작하는 경우가 적지 않습니다. 다른 아이들보다 먼저 가르치려는 게 목적이 아니라, 일찍 가르치는 게 더 효과적이기 때문입니다.

　한자는 사물의 형상이나 이치를 본떠서 만든 글자입니다. 그림인 동시에 글자인 셈이라서 좌뇌와 우뇌의 균형 있는 발달에 좋습니다. 더욱이 어린 두뇌일수록 언어 습득 효과가 크므로 두뇌 발달이 왕성한 초등학교 저학년 무렵에 한자 공부를 시작하는 게 좋습니다. 물론 무작정 많은 한자를 외울 필요는 없습니다. 한자를 일상적으로 사용하는 일본의 경우를 보더라도 초등학생 1학년 때에 80자, 2학년 때에 160자를 배웁니다.

4. 30일 동안 한자의 기초와 한자능력시험 준비를 끝내요!

　이 책은 아이가 한자의 기초를 이해하고, 30일 동안 한자능력시험 8급과 7급에 해당하는 한자 150자를 효율적으로 익힐 수 있도록 구성했습니다.

　아이들이 한자를 어려워하는 이유는 글자가 낯설기 때문입니다. 한자를 일일이 외워도 오래 기억되지 않습니다. 그래서 이 책에서는 그림을 보며 한자를 따라 읽어 보고, 따라서 써 보고, 다시 떠올려 보는 3단계 반복 학습과 연상 원리를 바탕으로 30일 프로그램을 만들었습니다. 연습 문제를 풍부하게 실어 한자 시험에도 대비할 수 있도록 했고요.

　한자 공부는 평생 성적으로 이어지는 학습 어휘력과 독서력, 생각하는 힘을 길러 줍니다. 아이에게 하루 15분씩, 30일 동안 재미있는 한자의 세계를 알려 주세요!

한자를 알면
공부 '자신감'이 쑥쑥~

自信感

Part 1   한자를 어떻게 공부해야 할까요? (부모님도 함께 보세요)

한자를 어떻게 공부해야 하는지, 한자의 원리와 익히는 요령을 아이 눈높이에서 설명합니다.

한자를 이해하면 낯선 글자를 공부하는 일이 조금 더 재미있어집니다.

1. 한자는 누가, 왜 만들었을까요?

2. 한자는 글자마다 뜻(훈)과 소리(음)가 있어요.

3. 한자를 많이 알면 왜 좋을까요?

Part 2~4   급수 한자 8급과 7급 한자를 익혀요

→ 하루에 5글자씩 3단계 반복 학습

■ 1단계 – 그림을 보며 한자의 훈음 읽기

한자를 따라 쓰기에 앞서, 그림을 보며 한자의 훈(뜻)과 음(소리)을 한 번씩 소리 내어 읽습니다. 그림으로 한자의 뜻을 이해하고, 소리 내어 읽으면서 한자 쓰기 준비를 합니다.

● 급수별 한자 찾기는 각 Part의 속표지를 보세요.

■ 2단계 – 한자와 훈음 따라 쓰기

① 한자를 보고 이 글자에 대한 설명을 읽어요.

② 한자 어휘를 보며 쓰임새를 이해해요.

③ 획을 쓰는 순서, 즉 필순을 마음속으로 따라 써요.

④ 견본 한자와 훈음을 따라 쓰고, 아래 칸에 똑같이 써요.

■ 3단계 – 급수 한자 문제와 전날의 복습

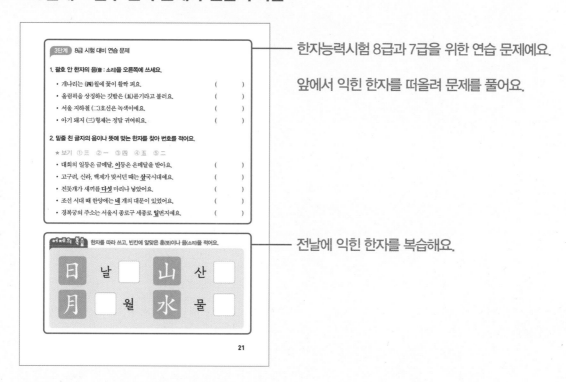

한자능력시험 8급과 7급을 위한 연습 문제예요.

앞에서 익힌 한자를 떠올려 문제를 풀어요.

전날에 익힌 한자를 복습해요.

〈잠깐 쉬어가기〉와 실전 한자능력시험

★ 한자 획 순서, 필순을 알면 쉬워요 | 30쪽

★ 한자가 만들어진 원리를 알아보아요 | 82쪽

★ 부수를 알면 한자의 뜻이 보여요 | 122쪽

★ 사자성어에 대해 알아보아요 | 144쪽

★ 연습 문제 및 한자능력시험 정답 | 145쪽

★ 책속 부록 – 한자능력시험 소개와 실전 테스트 | 146쪽

Part 1

한자를
어떻게
공부해야
할까요?

글자는 생각과 지식을 적는 도구예요. 만약 글자가 없다면 생각을 글로 전할 수도, 지식을 남길 수도 없어서 세상은 지금처럼 발전하지 못했을 거예요. 이런 글자를 우리는 한글을 쓰고, 미국은 알파벳을, 중국은 한자를 쓰지요? 약 600년 전에 세종대왕이 한글을 만들기 훨씬 전부터 중국과 한국, 일본 등에서는 한자를 사용했어요. 그때 우리 말은 있었어도 글자는 없었으니까요. 그래서 우리말에는 한자에서 온 어휘가 정말 많아요. 이 말들은 원래의 한자를 알면 뜻을 더 잘 이해할 수 있어요. 우리가 한자를 공부해야 하는 이유예요.

　고대 중국의 전설에 따르면, 한자는 '창힐'이라는 사람이 처음 만들었다고 해요. 수천 년 전의 일이라서 정말 그가 만들었는지는 알 수 없지만, 그 무렵부터 중국에서는 한자를 썼고 나중에 우리나라와 일본으로 한자가 전해졌어요.

안녕(安寧)하세요
우리 글자가 없으니까 같이 좀 쓸게.

你好(니하오)
우린 수천 년 전부터
한자를 썼어.

중국

한국

今日は(곤니치와)
한자를 가르쳐준 백제야,
고마워~

일본

＊ 중국어 你好(니하오), 일본어 今日は(곤니치와)는 모두 '안녕하세요.'라는 뜻이에요.

한자는 사물의 모양을 본떠서 만든 글자예요. 하늘의 해 모양을 본떠서 日(날 일)이라는 글자를, 나무 모양을 보고 木(나무 목)이라는 글자를 만들었어요. 나무 막대 하나를 놓고 一(한 일)이라는 글자, 사람이 서 있는 모습에서 人(사람 인)이라는 글자를 만들기도 했고요. 이 밖에도 글자를 만드는 방법은 다양하게 있었어요.

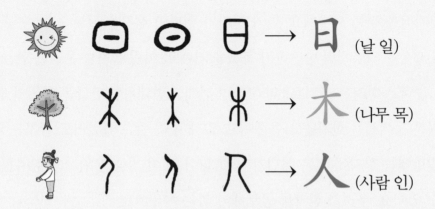

한자가 변해 온 모양

그런데 이렇게 글자를 만들다 보니 문제가 생겼어요! 글자를 하나하나 만들었던 탓에 외워야 할 글자 수가 너무 많아졌어요. 한글은 소리 나는 대로 글자를 적을 수 있어서 참 과학적이고 빨리 배울 수 있지만, 한자는 수천 개나 되는 글자를 일일이 외워야 해요. 물론 우리말에서 자주 쓰는 한자를 중심으로 익히면 되니까, 걱정할 필요는 없어요.

한자는 글자를 하나하나 따로 만들었다고 했지요? 그래서 글자마다 뜻과 읽는 소리가 달라요. 한글은 ㄱ, ㄴ, ㄷ 같은 자음과 ㅏ, ㅑ, ㅓ, ㅕ 같은 모음을 조합해서 글자를 만들지만, 한자는 글자마다 각각 모양이 정해져 있어요. 이런 까닭에 한자는 뜻(훈)과 소리(음)를 함께 외워야 해요. '나무 목(木)'이라는 글자를 한번 볼게요.

이 한자는 '나무'를 뜻하고 '목'으로 읽는데, 다른 모든 한자도 이런 방법으로 외우면 돼요. 글자를 쓰면서 뜻과 소리를 함께 외우는 거예요. 마찬가지로 사람을 뜻하는 人(인)이라는 글자는 '사람 인'으로 외우고요. '사람'이 뜻이고, '인'으로 읽는 글자예요.

'나무'를 뜻하는 '목'이라는 글자네. 외울 때는 나무 목!

한자 공부가 어려워 보이지요? 하지만 한자의 모양은 사물을 본떴기 때문에 글자가 만들어진 이치를 이해하고, 여러 번 쓰다 보면 자연스럽게 외울 수 있어요.

그런데 영어는 세계인들이 함께 쓰니까 잘하면 좋겠지만, 한자는 왜 배워야 할까요? 그 이유는 우리말에 한자에서 온 말들이 많은데, 이들 단어의 한자를 알면 뜻이 더욱 잘 이해되기 때문이에요. "아, 이래서 이런 말이 생겼구나!"라고 깨닫게 되고, 생각하는 힘도 길러져요.

한 가지 예를 볼까요? 방학이 끝나서 학교를 여는 '개학', 나라를 여는 '개국', 열어서 통하게 한다는 뜻의 '개통'에서 앞에 붙은 글자 '개'는 모두 '열 개(開)'라는 한자예요. 이 한자를 알면 '뭔가를 연다'라는 의미가 바로 떠오르겠죠?

학교를 여니까 **개학**
나라를 여니까 **개국**
하늘이 열린 날이니까 **개천절**
전부 **열 개(開)**라는 한자가
앞에 붙은 말이군!

開

글자마다 모두 뜻이 숨어 있는 한자,
공부가 재미있을 것 같지 않아요?
우리는 하루에 5글자씩 한 달 동안 한자를 공부할 거예요.

한자는 한글보다 획(글자를 이루는 하나하나의 선)이 복잡하고, 글자 모양도 처음에는 그림처럼 보일지 몰라요. 그렇지만 공부하다 보면 처음보다 더욱 쉬워질 거예요. 글자가 만들어진 이치에 차츰 익숙해지기 때문이에요. 일단은,

  1. 먼저 글자를 따라 그리듯이 그려 보고,
  2. 여러 번 되풀이해 쓰면서 읽어 봐요.

  그러면 금세 외우게 될 거예요. 노래도 자꾸 따라 부르다 보면 어느새 잘 부르게 되고, 노랫말도 저절로 다 기억되잖아요? 옛날에는 한자를 붓글씨로 썼는데(서예), 연필로 '붓글씨를 쓰듯이' 정성을 들여 천천히 따라 쓰면 돼요. 한자 글씨를 예쁘게 잘 쓰는 방법, 재미있는 한자 상식 등은 뒤에서 알아보기로 해요.
  이 책으로 한자 기초 공부를 끝낸 다음에는 '한자 급수'를 따도 좋아요. 책 마지막에 한자능력시험 실전 문제와 시험 요령이 있으니까 미리 풀어 보면 도움이 될 거예요.
  자, 그러면 지금부터 30일간의 한자 여행을 떠나 볼까요!

Part 2

8급 한자
50자를
익혀요

day 01	日	月	山	水	火
	날 일	달 월	산 산	물 수	불 화
day 02	一	二	三	四	五
	한 일	두 이	석 삼	넉 사	다섯 오
day 03	六	七	八	九	十
	여섯 륙	일곱 칠	여덟 팔	아홉 구	열 십
day 04	木	金	土	大	小
	나무 목	쇠 금/성 김	흙 토	큰 대	작을 소
day 05	父	母	人	兄	弟
	아버지 부	어머니 모	사람 인	형 형	아우 제
day 06	東	西	南	北	中
	동녘 동	서녘 서	남녘 남	북녘 북/달아날 배	가운데 중
day 07	靑	白	年	女	王
	푸를 청	흰 백	해 년	여자 녀	임금 왕
day 08	學	校	先	生	長
	배울 학	학교 교	먼저 선	날 생	긴 장
day 09	敎	室	門	外	寸
	가르칠 교	집 실	문 문	바깥 외	마디 촌
day 10	韓	國	民	萬	軍
	한국 한/나라 한	나라 국	백성 민	일만 만	군사 군

1단계 그림을 보면서 한자의 훈음(뜻과 소리)을 소리 내어 읽어요.

日 날 일

月 달 월

山 산 산*

水 물 수

火 불 화

* 山은 '메 산'으로도 읽는데, '메'는 산을 뜻하는 옛말이에요.

한자를 획 순서에 맞게 쓰고, 마지막 칸에는 훈음을 써요.

日
날 일

하늘의 해 모양을 본떠서 '해', '날'을 뜻해요.

(총 4획) ㅣ 冂 日 日				
日	日	日	日	날일

■ **한자 어휘** 태어난 날 **生日(생일)**   오늘 다음 날 **來日(내일)**

月
달 월

밤하늘의 초승달 모양을 본뜬 글자예요.

(총 4획) ㇒ 刀 月 月				
月	月	月	月	달월

■ **한자 어휘** 새해를 시작하는 달 **一月(일월)**   일요일 다음 날 **月曜日(월요일)**

山
산 산

산봉우리 세 개가 나란히 솟은 모양을 본떴어요.

(총 3획) ㅣ 凵 山				
山	山	山	山	산산

■ **한자 어휘** 강과 산 **江山(강산)**   산에 오르는 일 **登山(등산)**

15

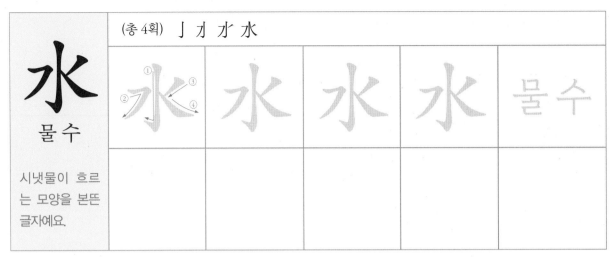

水
물 수

(총 4획) 亅 刁 オ 水

시냇물이 흐르는 모양을 본뜬 글자예요.

■ 한자 어휘   마실 수 있는 물 食水(식수)   비가 와서 크게 불은 물 洪水(홍수)

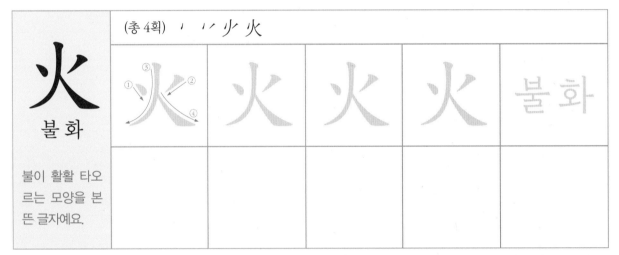

火
불 화

(총 4획) 丶 ⺍ 少 火

불이 활활 타오르는 모양을 본뜬 글자예요.

■ 한자 어휘   땅속의 용암 등이 분출하는 산 火山(화산)   불 때문에 일어난 재난 火災(화재)

알아두기 다음은 어떤 한자가 변해 온 모양일까요? 그 한자를 쓰고 읽어 보세요.

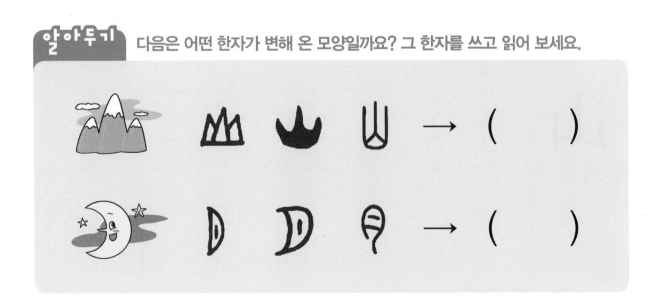

1. 괄호 안 한자의 음(音 : 소리)을 오른쪽에 쓰세요.

- 오늘은 내가 태어난 생(日)입니다. (일)
- (水)도가 고장나서 어제부터 물이 안 나와요. ( )
- 불을 끄려면 소(火)기가 필요해요. ( )
- 우리나라의 강(山)은 늘 아름다워요. ( )

2. 밑줄 친 글자의 음이나 뜻에 맞는 한자를 찾아 번호를 적어요.

★ 보기 ① 水 ② 火 ③ 日 ④ 月 ⑤ 山

- 우리나라에서 가장 높은 백두**산** (⑤)
- **물**이 얼면 얼음이 돼요. ( )
- 해가 지면 **달**이 떠요. ( )
- **화**산이 폭발하면 정말 큰일이에요. ( )
- 그 가게는 오늘 휴**일**이에요. ( )

어제의 복습 한자의 훈(뜻)과 음(소리)

한자는 글자마다 훈(訓 : 뜻)과 음(音 : 소리)이 달라서 훈음을 함께 외워야 해요.

- '불'(훈)을 뜻하고 '화'(음)로 읽어요. 외울 때는 '불 화!'
- 훈과 음은 한 칸을 띄어 쓰세요.
- 글자를 이루는 선 하나하나를 '획'이라고 해요.

1단계 그림을 보면서 한자의 훈음(뜻과 소리)을 소리 내어 읽어요.

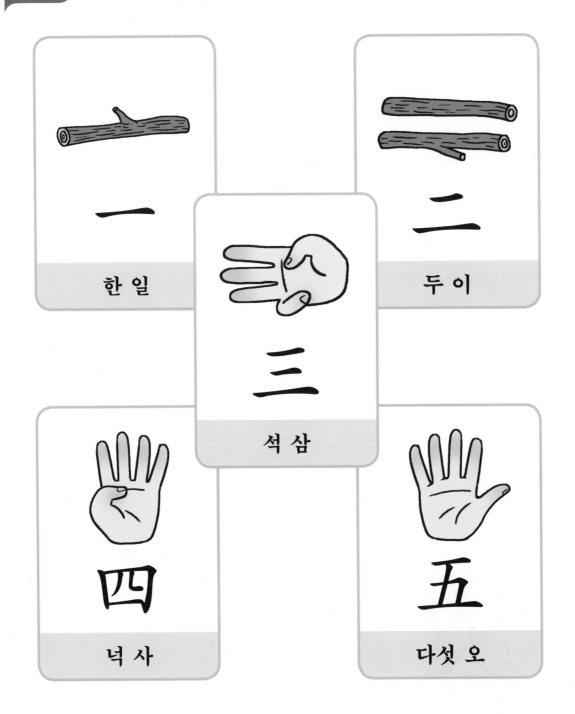

한 일

두 이

석 삼

넉 사

다섯 오

* 한(하나), 두(둘), 석(셋), 넉(넷)은 '한 개, 두 개'처럼 뒷말을 꾸미는 형태예요.

한자를 획 순서에 맞게 쓰고, 마지막 칸에는 훈음을 써요.

	(총 1획) 一				
一 한 일	一	一	一	一	한 일
막대기 하나를 옆으로 놓은 모양이에요.					

■ **한자 어휘** 열두 달은 **一年(일년)** 으뜸인 등수 **一等(일등)**

	(총 2획) 一 二				
二 두 이	二	二	二	二	두 이
막대기나 손가락 두 개를 본뜬 모양이에요.					

■ **한자 어휘** 일년 중 두 번째 달 **二月(이월)** 10의 두 배가 되는 수 **二十(이십)**

	(총 3획) 一 二 三				
三 석 삼	三	三	三	三	석 삼
막대기나 손가락 세 개를 본뜬 모양이에요.					

■ **한자 어휘** 3월 1일은 **三一節(삼일절)** 형제가 셋이면 **三兄弟(삼형제)**

四	(총 5획) 丨 冂 冂 四 四				
넉 사	四	四	四	四	넉 사
冂 모양의 테두리 획을 먼저 써야 해요.					

■ 한자 어휘　　일년의 네 번째 달 **四月(사월)**　　네모 꼴의 평면 도형 **四角形(사각형)**

五	(총 4획) 一 丁 五 五				
다섯 오	五	五	五	五	다섯 오
二의 사이에 두 선을 교차시킨 모양이에요.					

■ 한자 어휘　　선분이 다섯 개인 도형 **五角形(오각형)**　　올림픽을 상징하는 기 **五輪旗(오륜기)**

알아두기　四(넉 사)는 왜 막대기 네 개로 쓰지 않을까요?

삼(三)까지는 막대기 수로 글자를 나타내는데, 넉 사(四)는 왜 막대기 네 개로 쓰지 않을까요?

옛날에 이 글자가 처음 생겼을 때는 막대기 네 개 모양으로 숫자 4를 나타냈어요. 하지만 이렇게 쓴 글자가 석 삼(三)과 혼동되었기 때문에, 코에서 숨이 나오는 모양을 본떠 '숨 쉬다'라는 뜻으로 쓰던 四를 '넉 사'로 쓰게 되었어요.

한자가 만들어진 유래를 모두 외울 필요는 없어요. 글자를 이해하는 데 참고만 하면 돼요. (한자가 만들어진 이치는 82쪽 설명을 보세요.)

1. 괄호 안 한자의 음(音 : 소리)을 오른쪽에 쓰세요.

- 개나리는 (四)월에 꽃이 활짝 펴요. ( )
- 올림픽을 상징하는 깃발은 (五)륜기라고 불러요. ( )
- 서울 지하철 (二)호선은 녹색이에요. ( )
- 아기 돼지 (三)형제는 정말 귀여워요. ( )

2. 밑줄 친 글자의 음이나 뜻에 맞는 한자를 찾아 번호를 적어요.

★ 보기   ① 三   ② 一   ③ 四   ④ 五   ⑤ 二

- 대회의 일등은 금메달, **이**등은 은메달을 받아요. ( )
- 고구려, 신라, 백제가 맞서던 때는 **삼**국시대예요. ( )
- 진돗개가 새끼를 **다섯** 마리나 낳았어요. ( )
- 조선 시대 때 한양에는 **네** 개의 대문이 있었어요. ( )
- 경복궁의 주소는 서울시 종로구 세종로 **일**번지예요. ( )

어제의 복습 한자를 따라 쓰고, 빈칸에 알맞은 훈(뜻)이나 음(소리)을 적어요.

日	날 ☐	山	산 ☐
月	☐ 월	水	물 ☐

1단계 그림을 보면서 한자의 훈음(뜻과 소리)을 소리 내어 읽어요.

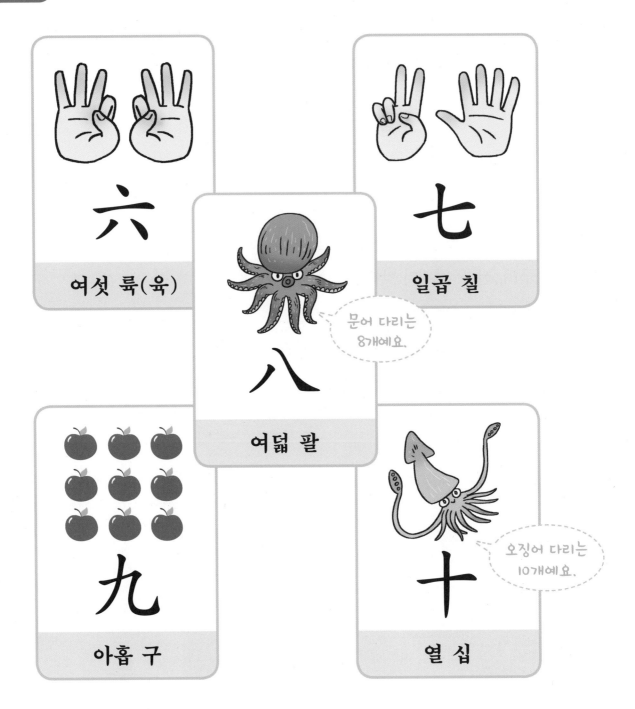

여섯 륙(육)

일곱 칠

문어 다리는 8개예요.

여덟 팔

아홉 구

열 십

오징어 다리는 10개예요.

* 여섯 '륙'이 단어의 첫소리로 오면 '육'이 되는데, 이를 두음법칙이라고 해요.(42쪽 참고)

22

六

여섯 륙(육)

손가락을 세 개씩 펴서 6을 나타낸 모양이에요.

(총 4획) ㅗ ㅗ 六 六

六	六	六	六	여섯 륙

■ **한자 어휘**　일년의 절반은 **六個月(육개월)**　한국 전쟁의 다른 말은 **六二五(육이오) 전쟁**

七

일곱 칠

열 십(十)의 아래를 구부려 7을 나타냈어요.

(총 2획) 一 七

七	七	七	七	일곱 칠

■ **한자 어휘**　일년 중 일곱 번째 달 **七月(칠월)**　십의 일곱 배가 되는 수 **七十(칠십)**

八

여덟 팔

왼쪽 획이 위로 올라가면 사람 인(人)이 돼요.

(총 2획) ノ 八

八	八	八	八	여덟 팔

■ **한자 어휘**　추석은 음력 **八月(팔월) 십오일**　여기저기 모든 방향 **四方八方(사방팔방)**

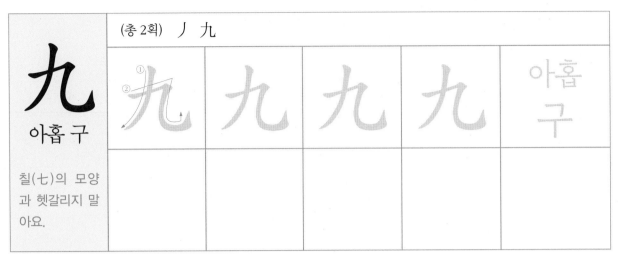

九 아홉 구	(총 2획) ノ 九				
	九	九	九	九	아홉 구
칠(七)의 모양과 헷갈리지 말아요.					

■ **한자 어휘**   곱셈의 가장 기본인 **九九(구구)단**   태권도의 최고 단은 **九段(구단)**

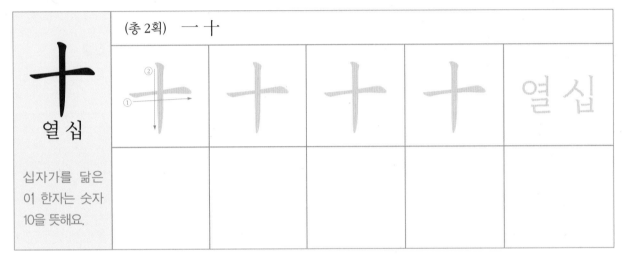

十 열 십	(총 2획) 一 十				
	十	十	十	十	열 십
십자가를 닮은 이 한자는 숫자 10을 뜻해요.					

■ **한자 어휘**   기독교의 '十'자 모양 상징 **十字架(십자가)**   **十里(십 리)**는 약 4킬로미터

알아두기 六月(6월)과 十月(10월)은 유월, 시월로 읽어요.

六과 十에 '月(달 월)'이 붙을 때는 육월, 십월이 아니라 유월, 시월로 읽어요. '솔+나무 → 소나무'처럼 부드럽게 발음하기 위해 자음이 빠진 거예요. 따라 써 보세요.

六月 유 월   十月 시 월

1. 괄호 안 한자의 음(음 : 소리)을 오른쪽에 쓰세요.

- (七)십에 십을 더하면 팔십이 돼요. ( )
- 외국으로 간 삼촌은 (九)년 만에 돌아왔습니다. ( )
- 현충일은 매년 유월 (六)일이에요. ( )
- 이번 경기는 (十)중팔구 우리가 이길 거예요. ( )

2. 밑줄 친 글자의 음이나 뜻에 맞는 한자를 찾아 번호를 적어요.

★ 보기 ① 八 ② 六 ③ 十 ④ 七 ⑤ 九

- 벌집은 **육**각형 모양이라서 튼튼해요. ( )
- 꼬리가 **아홉** 개 달린 여우, 구미호가 살았어요. ( )
- **십** 년이면 강산도 변한다는 속담이 있잖아요. ( )
- 북쪽 하늘의 국자 모양 별자리는 북두**칠**성이에요. ( )
- 거미의 다리는 좌우 합해서 모두 **여덟** 개예요. ( )

어제의 복습 한자를 따라 쓰고, 빈칸에 알맞은 훈(뜻)이나 음(소리)을 적어요.

三	석	☐	五	다섯	☐
二	☐	이	四	☐	사

1단계 그림을 보면서 한자의 훈음(뜻과 소리)을 소리 내어 읽어요.

木 나무 목

金 쇠 금/성 김*

土 흙 토**

大 큰 대

小 작을 소

* 金(쇠 금)은 땅속에 묻힌 금속을 뜻하는데, 성씨나 지명으로 쓸 때는 '김'으로 읽어요.

* 土(흙 토)의 맨 아래 획이 위보다 짧으면 선비 사(士)가 돼요. 예) 博士(박사)

한자를 획 순서에 맞게 쓰고, 마지막 칸에는 훈음을 써요.

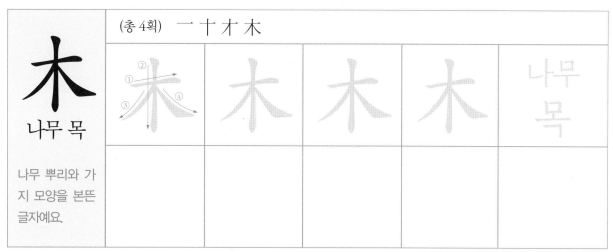

木 나무 목	(총 4획) 一 十 才 木				
나무 뿌리와 가지 모양을 본뜬 글자예요.	木	木	木	木	나무 목

■ **한자 어휘**   나무로 된 재료 **木材(목재)**   나무를 다루어 일하는 사람 **木手(목수)**

金 쇠 금 성 김	(총 8획) ノ 人 스 쓰 수 슈 金 金				
성씨일 때는 '김'으로 읽어요.	金	金	金	金	쇠 금 성 김

■ **한자 어휘**   지금 있는 돈 **現金(현금)**   임시정부 주석을 지낸 독립운동가 **金九(김구)**

土 흙 토	(총 3획) 一 十 土				
식물이 흙덩이를 뚫고 돋아나는 모양이에요.	土	土	土	土	흙 토

■ **한자 어휘**   논밭이나 집터로 쓸 수 있는 땅 **土地(토지)**   나라의 땅 **國土(국토)**

大 큰 대	(총 3획) 一 ナ 大				
	大	大	大	大	큰 대
양팔을 크게 벌리고 서 있는 모양이에요					

■ 한자 어휘   4년제 고등 교육 기관 **大學(대학)**   큰길을 뜻하는 한자어 **大路(대로)**

小 작을 소	(총 3획) 亅 小 小				
	小	小	小	小	작을 소
작은 물건이 세 개 있는 모양을 본떴어요.					

■ 한자 어휘   크고 작음 **大小(대소)**   물건의 크기가 작음 **小型(소형)**

알아두기   일주일은 '월화수목금토일'이지요? 한 번씩 써 보아요.

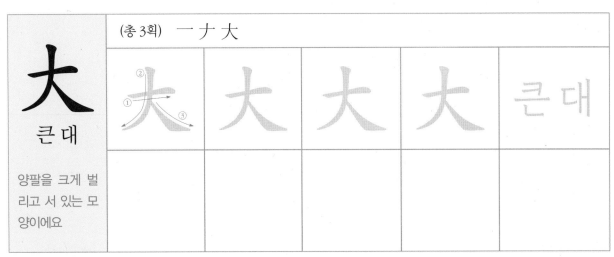

月 火 水 木 金 土 日

28

1. 괄호 안 한자의 음(音 : 소리)을 오른쪽에 쓰세요.

- 우리 학교의 교(木)은 소나무입니다. ( )
- 옛날에 황(金) 알을 낳는 거위가 있었어요. ( )
- 걸리버는 (小)인국 사람보다 키가 열두 배나 컸어요. ( )
- 동생의 생일은 이번 주 (土)요일이에요. ( )

2. 밑줄 친 글자의 음이나 뜻에 맞는 한자를 찾아 번호를 적어요.

★ 보기 ① 金 ② 木 ③ 土 ④ 小 ⑤ 大

- 집을 지으려면 많은 **나무**를 준비해야겠지요. ( )
- 독도는 우리나라 고유의 영**토**입니다. ( )
- 가방이 너무 작아서 **큰** 책은 들어가지 않아요. ( )
- 김해 **김**씨의 시조는 수로왕이라고 해요. ( )
- 배의 **작은** 틈으로 금세 물이 숫구쳤어요. ( )

어제의 복습 한자를 따라 쓰고, 빈칸에 알맞은 훈(뜻)이나 음(소리)을 적어요.

| 八 | | 팔 | 六 | 여섯 | |
| 九 | 아홉 | | 七 | 일곱 | |

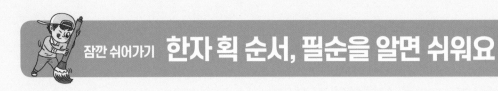
획 쓰는 순서를 필순이라고 해요. 한글에 획 순서가 있듯이 한자의 필순 또한 오랜 세월에 걸쳐 순서가 정해졌어요. 한자 모양이 낯설어 처음에는 필순이 헷갈리는 일도 있겠지만, 아래의 규칙을 참고하여 쓰기 연습을 꾸준히 하면 차츰 익숙해질 거예요. 필순은 한자 쓰기를 어렵게 하려는 게 아니라 쉽고 멋있게 쓰기 위해 만들었으니까요!

1. 위에서 아래로, 왼쪽에서 오른쪽으로 쓰는 것은 한글과 같아요.

여섯 륙(육)

六 ｜ 丶 亠 亣 六

2. 가로획과 세로획이 만날 때는 가로획을 먼저 써요.

나무 목

木 ｜ 一 十 才 木

3. 水나 小처럼 글자 중심에 갈고리(亅) 모양이 오면 가운데부터 써요.

물 수

水 ｜ 亅 귀 氺 水

4. 둘러싼 모양의 글자는 둘레의 몸을 먼저 쓰고 안을 나중에 써요.

달 월

月 ｜ 丿 刀 月 月

30

5. 글자 전체를 가로나 세로로 뚫고 지나는 획은 나중에 써요.

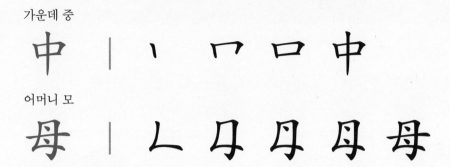

가운데 중
中 | 丨 丶 冂 口 中

어머니 모
母 | 丨 乚 凸 毌 毋 母

6. 삐침(丿)과 파임(乀)이 어울릴 때는 삐침 획을 먼저 써요.

아버지 부
父 | 丿 丷 八 父

6. 오른쪽 위 하나의 점, 그리고 책받침(辶)은 나중에 써요.

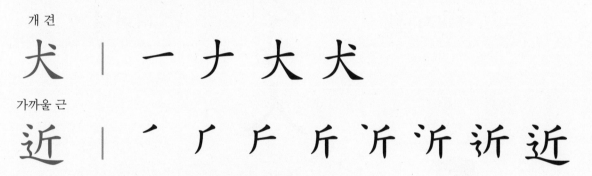

개 견
犬 | 一 ナ 大 犬

가까울 근
近 | 丿 厂 斤 斤 近 近 近 近

* 大(큰 대)의 오른쪽 위에 점이 있으면 犬(개 견)이 돼요.

필순 규칙이 많아 보이지요? 이것들을 한 번에 다 외우려고 하기보다는 이 책의 한자들을 획
순서에 맞게 차근차근 써 보는 게 중요해요.

올바른 필순은 한자 글씨를 예쁘게 쓰는 데도 도움이 돼요. 46쪽의 '한자 글씨를 잘 쓰는 요
령'을 참고해서 필순에 맞게, 예쁘게 쓰는 습관을 들이도록 해요.

1단계 그림을 보면서 한자의 훈음(뜻과 소리)을 소리 내어 읽어요.

父 아버지 부

母 어머니 모

人 사람 인

兄 형 형

弟 아우 제*

* '아우'는 동생을 뜻하는 말이에요.

한자를 획 순서에 맞게 쓰고, 마지막 칸에는 훈음을 써요.

父 아버지 부	(총 4획) ノ ハ グ 父				
손에 회초리를 들고 아이를 가르치는 모양이에요.	父	父	父	父	아버지 부

■ **한자 어휘**   아버지와 아들 **父子(부자)**   아버지와 딸 **父女(부녀)**

母 어머니 모	(총 5획) 乚 口 匚 母 母				
아기에게 젖을 먹이는 엄마 모습을 본떴어요.	母	母	母	母	어머니 모

■ **한자 어휘**   어머니와 딸 **母女(모녀)**   자신이 태어난 나라 **母國(모국)**

人 사람 인	(총 2획) ノ 人				
팔을 내리고 선 사람을 옆에서 본 모양이에요.	人	人	人	人	사람 인

■ **한자 어휘**   사람을 뜻하는 한자어 **人間(인간)**   뛰어나고 훌륭한 사람 **偉人(위인)**

兄 형 형 입 구(口)와 사람 인(人)을 합친 모 양이에요.	(총 5획) 丨 冂 口 尸 兄				
	兄	兄	兄	兄	형 형

■ **한자 어휘**　　형과 아우를 이르는 말 **兄弟(형제)**　　언니의 남편 **兄夫(형부)**

弟 아우 제 아우나 나이 어 린 사람을 뜻하 는 글자예요.	(총 7획) 丶 丷 弟 弟 弟 弟 弟				
	弟	弟	弟	弟	아우 제

■ **한자 어휘**　　스승의 가르침을 받는 사람 **弟子(제자)**　　형제 간의 사랑 **兄弟愛(형제애)**

알아두기　父, 母는 '아비 부', '어미 모'로도 읽어요.

父, 母의 훈음은 아버지 부, 어머니 모예요. 그런데 여러분의 부모님은 아마 이 글자를 아비 부, 어미 모라고 배웠을 거예요. 아비, 어미는 아버지, 어머니를 낮춰 부르는 말로 뜻은 서로 같아요.

한자의 훈음은 오랜 세월 동안 그 한자를 대표하는 훈음으로 자리잡았지만, 옛말과 낮춤말 표현을 요즘은 잘 쓰지 않아요. 마찬가지로 山은 '메 산', 뒤에 나오는 女는 '계집 녀(여)'로 쓰는 경우가 있는데, 이들 한자도 山(산 산), 女(여자 녀)로 쓰는 게 좋아요.

중학교에 가면 배우는 한문 수업에서도 지금은 아버지 부, 어머니 모로 쓰고 있어요.

1. 괄호 안 한자의 음(音 : 소리)을 오른쪽에 쓰세요.

- 어버이날에는 (父)모님께 카네이션을 달아 드려요.　　　　　　(　　　)
- 그는 (母)국어를 배우기 위해 한국에 왔어요.　　　　　　(　　　)
- 비행기를 처음 발명한 사람은 라이트 (兄)제입니다.　　　　　　(　　　)
- 그 영화의 주(人)공은 마침내 여왕이 되었습니다.　　　　　　(　　　)

2. 밑줄 친 글자의 음이나 뜻에 맞는 한자를 찾아 번호를 적어요.

★ 보기　① 母　② 人　③ 父　④ 弟　⑤ 兄

- **아버지**는 늘 미소를 지으며 말씀하셨어요.　　　　　　(　　　)
- 이번 일요일에 사촌**형**과 축구 경기를 보러 가요.　　　　　　(　　　)
- 가족사진의 가장 왼쪽에 있는 사람이 **엄마**예요.　　　　　　(　　　)
- 초등학교 일학년인 **동생**이 한 명 있어요.　　　　　　(　　　)
- 대한민국의 **인**구는 약 5천만 명입니다.　　　　　　(　　　)

어제의 복습 한자를 따라 쓰고, 빈칸에 알맞은 훈(뜻)이나 음(소리)을 적어요.

| 木 | 나무 [　] | 金 | [　] 성 금 [　] |
| 土 | 흙 [　] | 大 | [　] 대 |

1단계 그림을 보면서 한자의 훈음을 소리 내어 읽어요.

東
동녘 동

西
서녘 서*

南
남녘 남

北
북녘 북/달아날 배**

中
가운데 중

＊ 해가 서쪽에 질 때 새가 둥지로 돌아온다는 이유로 새 둥지를 본뜬 글자예요.

＊＊ 北 자는 두 사람이 등진 모습을 본뜬 글자로, 두 가지 훈음을 가졌어요.

한자를 획 순서에 맞게 쓰고, 마지막 칸에는 훈음을 써요.

東 동녘 동	(총 8획) 一 丁 戸 両 戸 亘 車 東 東				동녘 동
나무(木) 중간에 해(日)가 걸린 모양이에요.	東	東	東	東	

■ **한자 어휘**   동쪽에 있는 바다 **東海(동해)**   서울 도성의 동쪽 문 **東大門(동대문)**

西 서녘 서	(총 6획) 一 丁 冂 丙 西 西				서녘 서
넉 사(四)와 모양 을 헷갈리지 않 도록 해요.	西	西	西	西	

■ **한자 어휘**   서쪽에 있는 바다 **西海(서해)**   유럽과 아메리카의 여러 나라 **서양(西洋)**

南 남녘 남	(총 9획) 一 十 冂 冂 冇 冇 南 南 南				남녘 남
따뜻한 남쪽의 집에서 자라는 화초를 본떴어요	南	南	南	南	

■ **한자 어휘**   서울 도성의 남쪽 문 **南大門(남대문)**   지구 축의 남쪽 끝 **南極(남극)**

北 북녘 북 달아날 배 북, 배의 두 가지 음을 가졌어요.	(총 5획) ㅣ ㅓ ㅓ 컈 北				
	北	北	北	北	북녘 북 달아날 배

■ **한자 어휘**   휴전선의 북쪽 지역 **北韓(북한)**   싸움에 져서 도망함 **敗北(패배)**

中 가운데 중 진지 중앙에 깃발을 꽂은 모양이에요.	(총 4획) ㅣ ㅁ ㅁ 中				
	中	中	中	中	가운데 중

■ **한자 어휘**   서해 너머에 있는 나라 **中國(중국)**   한곳을 중심으로 모음 **集中(집중)**

알아두기 두 가지 훈음을 가진 한자를 따라 써 보아요.

똑같은 글자인데, 경우에 따라 훈음이 달라지는 한자예요. 한자와 훈음을 한 번씩 써 봐요.

金   쇠 금   성 김   北   북녘 북   달아날 배

1. 괄호 안 한자의 음(音 : 소리)을 오른쪽에 쓰세요.

- 옛날부터 (東)양에서는 자연을 중요하게 여겼어요.　　　　（　　　）
- 오빠는 내년에 (中)학교에 들어가요.　　　　（　　　）
- 국보 제1호는 흔히 (南)대문으로 불리는 숭례문입니다.　　　　（　　　）
- 하루빨리 남(北) 통일이 이루어지기를 바랍니다.　　　　（　　　）

2. 밑줄 친 글자의 음이나 뜻에 맞는 한자를 찾아 번호를 적어요.

★ 보기　① 西　② 中　③ 南　④ 東　⑤ 北

- 공원의 **가운데**에는 큰 느티나무가 있어요.　　　　（　　　）
- 배는 **서**풍을 타고 건너편 육지에 도착합니다.　　　　（　　　）
- 겨울에는 **북**쪽에서 찬 바람이 세차게 불어요.　　　　（　　　）
- 섬 여행이라면 **남**해안으로 가는 게 좋아요.　　　　（　　　）
- 요즘은 **동**남아시아로 여행 가는 사람이 많아요.　　　　（　　　）

어제의 복습 한자를 따라 쓰고, 빈칸에 알맞은 훈(뜻)이나 음(소리)을 적어요.

| 父 | 아버지 ☐ | 母 | 어머니 ☐ |
| 人 | ☐ 인 | 弟 | 아우 ☐ |

1단계 그림을 보면서 한자의 훈음을 소리 내어 읽어요.

靑
푸를 청

白
흰 백

2020
새해
복 많이
받으세요
年
해 년(연)*

女
여자 녀(여)*

王
임금 왕**

＊ 年/女의 음이 바뀌는 것은 두음법칙 때문이에요.(42쪽 설명 참고)

＊＊ 王 자는 권력의 상징이었던 도끼 모양을 본뜬 글자예요.

한자를 획 순서에 맞게 쓰고, 마지막 칸에는 훈음을 써요.

靑 푸를 청	(총 8획) 一 二 丰 主 青 青 青 青
푸른 싹이 자라는 모양을 본뜬 글자예요.	靑 靑 靑 靑 푸를 청

■ 한자 어휘　　젊은이를 뜻하는 한자어 **靑年(청년)**　　푸른 색깔 **靑色(청색)**

白 흰 백	(총 5획) ′ 丨′ 白 白 白
밝은 촛불 모양을 본떠 '희다'를 나타냈어요.	白 白 白 白 흰 백

■ 한자 어휘　　흰 말 **白馬(백마)**　　청군과 백군으로 나누어 겨루는 경기 **靑白戰(청백전)**

年 해 년(연)	(총 6획) ′ 仁 仨 仨 年 年
글자 가운데를 지나는 획은 마지막에 써요	年 年 年 年 해 년

■ 한자 어휘　　태어난 해와 달과 날 **生年月日(생년월일)**　　어린 사내아이 **少年(소년)**

女 여자 녀(여) 앉아 있는 여자 의 모습을 본뜬 글자예요.	(총 3획) 人 女 女				
	女	女	女	女	여자 녀

■ **한자 어휘**　　남자와 여자 **男女(남녀)**　　여성으로 태어난 사람 **女子(여자)**

王 임금 왕 王자 위에 점이 있으면 주인 주 (主)가 돼요.	(총 4획) 一 二 干 王				
	王	王	王	王	임금 왕

■ **한자 어휘**　　나라의 임금 **國王(국왕)**　　임금의 아들 **王子(왕자)**

알아두기　첫소리가 바뀌는 두음법칙에 대해 알아보아요.

우리말에는 단어의 첫소리로 오는 것을 꺼려 다른 소리로 바뀌거나 소리가 나지 않는 경우가 있는데, 이것을 두음법칙이라고 해요.(두음頭音 : 머리 두, 소리 음) 아래처럼 똑같은 글자여도 단어의 첫 글자로 오면 소리(음)가 바뀌어요.

- **年(해 년/ 첫소리에 오면 연)** : 매년(每年) – 연도(年度)
- **女(여자 녀/ 첫소리에 오면 여)** : 남녀(男女) – 여자(女子)
- **六(여섯 륙/ 첫소리에 오면 육)** : 사륙(四六) – 육이오(六二五)

1. 괄호 안 한자의 음(音 : 소리)을 오른쪽에 쓰세요.

- 신라 최초의 여(王)은 선덕여왕입니다.   (   )
- (靑)개구리는 후회했지만 이미 늦었어요.   (   )
- 피부가 눈처럼 희다며 (白)설 공주라는 이름을 지었어요.   (   )
- (年)말에는 불우이웃 돕기 행사가 열려요.   (   )

2. 밑줄 친 글자의 음이나 뜻에 맞는 한자를 찾아 번호를 적어요.

★ 보기   ① 年   ② 白   ③ 王   ④ 靑   ⑤ 女

- 그들 두 모녀는 오래오래 행복하게 살았어요.   (   )
- 우리 누나는 청바지를 정말 좋아해요.   (   )
- 사자는 동물의 왕이라고 할 만큼 용맹해요.   (   )
- 우리 민족은 옛날부터 흰색을 즐겨 입었어요.   (   )
- 지난해에는 즐거운 추억이 정말 많았어요.   (   )

어제의 복습 한자를 따라 쓰고, 빈칸에 알맞은 훈(뜻)이나 음(소리)을 적어요.

東		동	西	서녘	
南	남녘		北	북녘	

學校先生長

1단계 그림을 보면서 한자의 훈음을 소리 내어 읽어요.

學 배울 학

校 학교 교

先 먼저 선

生 날 생

長 긴 장*

＊ 長 자는 머리카락이 긴 노인의 모습을 본떴기 때문에 '어른'이라는 뜻도 있어요.

學 배울 학	(총 16획) ´ ¯ ¯ ¯ ¯ ¯ ¯ ¯ ¯ ¯ ¯ ¯ ¯ ¯ ¯ 學 學 學 學				
	學	學	學	學	배울 학
아이(子)가 공부 하는 모습을 본 뜬 글자예요.					

* 획이 복잡한 한자는 그림을 기억하듯 글자 모양을 머릿속에 담아요. **〈예〉 學生(학생)**

校 학교 교	(총 10획) ¯ ¯ ¯ ¯ ¯ ¯ ¯ ¯ ¯ 校				
	校	校	校	校	학교 교
나무 목(木)과 사 귈 교(交)를 합친 글자예요.					

■ **한자 어휘**　　학생을 가르치는 기관 **學校(학교)**　　학교 정문 **校門(교문)**

先 먼저 선	(총 6획) ´ ¯ ¯ 生 先 先				
	先	先	先	先	먼저 선
다른 것보다 앞 선다는 뜻을 나 타낸 글자예요.					

■ **한자 어휘**　　학생을 가르치는 사람 **先生(선생)**　　대열 등의 맨 앞 **先頭(선두)**

生 날 생 땅 위로 싹이 나 오는 모양을 본 뜬 글자예요.	(총 5획) ノ ノ ヒ 生 生				
	生	生	生	生	날 생

■ 한자 어휘　　태어난 날 **生日(생일)**　　살아 있는 목숨 **生命(생명)**

長 긴 장 '길다' 또는 '어 른'을 뜻하는 글 자예요.	(총 8획) l 「 「 「 F E 트 長 長 長				
	長	長	長	長	긴 장

■ 한자 어휘　　길고 짧음 **長短(장단)**　　학교의 으뜸 직위 **校長(교장)**

알아두기　한자 글씨 잘 쓰는 요령을 알아보아요.

1. (붓글씨를 쓰듯이) 천천히, 정성껏 쓰는 연습이 가장 중요해요.

2. 글자 모양을 생각하며, 네모 칸의 중심에 일정한 크기로 써요.

3. 삐침(ノ)과 파임(乀)은 선을 조금 구부정하게, 갈고리(亅)는 끝에서 연필을 살짝 올려요.

삐침은 선을 살짝 휘어서　　　　　　　　　　　파임은 선을 살짝 휘어서
끝에서 선이 가늘어지게 써요.　　　　　　　　끝에서 연필을 딱 멈추는 느낌으로 써요.

갈고리는 연필을 위로 살짝 들어서 끝맺어요.

46

1. 괄호 안 한자의 음(音 : 소리)을 오른쪽에 쓰세요.

- 우리가 아직 모르는 바다 (生)물은 정말 많아요.　　　　　(　　　　)
- 내년이 오면 나도 3(學)년이 돼요.　　　　　　　　　　(　　　　)
- 달리기에서 한 번도 (先)두를 놓치지 않았습니다.　　　　(　　　　)
- (長)거리 여행에는 기차가 더 편한 것 같아요.　　　　　(　　　　)

2. 밑줄 친 글자의 음이나 뜻에 맞는 한자를 찾아 번호를 적어요.

★ 보기　①先　②長　③學　④生　⑤校

- 세계에서 가장 **긴** 강은 아마존 강입니다.　　　　　　(　　　　)
- 오늘은 새로운 **교**장 선생님이 오시는 날입니다.　　　　(　　　　)
- 다른 나라의 말을 **배우는** 일은 즐거워요.　　　　　　(　　　　)
- 행사 상품은 **선**착순으로 준다니까 서둘러야 해요.　　　(　　　　)
- 그는 평**生** 가난한 사람들을 위해 살았습니다.　　　　　(　　　　)

어제의 복습 한자를 따라 쓰고, 빈칸에 알맞은 훈(뜻)이나 음(소리)을 적어요.

| 青 | 푸를 ☐ | 白 | ☐ 백 |
| 女 | 여자 ☐ | 王 | 임금 ☐ |

1단계 그림을 보면서 한자의 훈음을 소리 내어 읽어요.

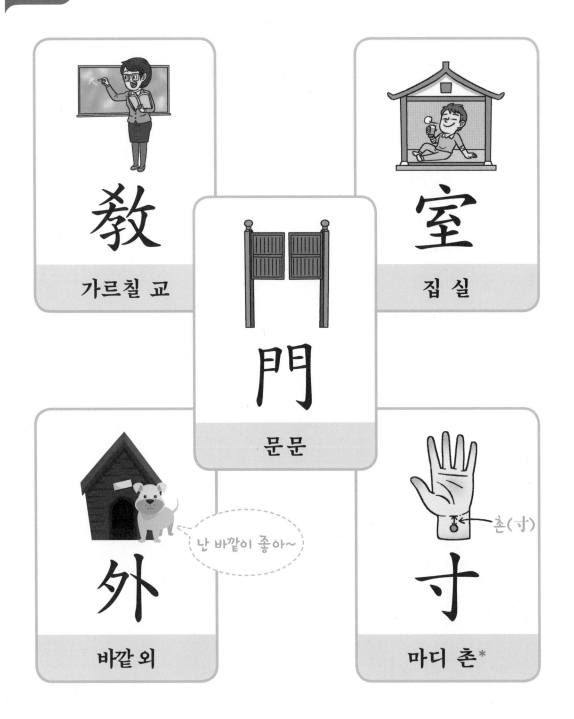

教
가르칠 교

室
집 실

門
문 문

外
난 바깥이 좋아~
바깥 외

寸
촌(寸)
마디 촌*

* 寸은 손목에서 맥이 뛰는 곳까지의 마디를 뜻하는데, 촌수, 치(길이의 단위로 약 3센티)를 나타내기도 해요.

教
가르칠 교

아이(子)를 바르게 가르치는 모습을 본떴어요.

(총 11획) ノ メ ゟ ゟ゚ ゟ゚ 孝 孝 拳 挙 教 教

教	教	教	教	가르칠 교

■ 한자 어휘　　지식을 가르침 **教育(교육)**　　교재로 쓰기 위해 만든 책 **教科書(교과서)**

室
집 실

宀(집 면)과 至(이를 지)를 합친 글자예요.

(총 9획) ゛ ゛ 宀 宀 空 空 空 室 室

室	室	室	室	집 실

■ 한자 어휘　　방이나 건물 안 **室內(실내)**　　책을 읽거나 공부하는 방 **讀書室(독서실)**

門
문 문

문짝이 두 개 있는 모양을 본뜬 글자예요.

(총 8획) ｜ 冂 冂 冃 冃 門 門 門

門	門	門	門	문 문

■ 한자 어휘　　벽에 창으로 낸 문 **窓門(창문)**　　큰 문 **大門(대문)**

外 바깥 외 저녁 석(夕)과 점 복(卜) 자를 합쳤 어요.	(총 5획) ノ ク タ 列 外				바깥 외

■ **한자 어휘**　밖에서 음식을 사 먹음 **外食(외식)**　건물 따위의 밖 **室外(실외)**

寸 마디 촌 마디, 촌수, 치 (길이의 단위) 등 을 뜻해요.	(총 3획) 一 十 寸				마디 촌

■ **한자 어휘**　아버지의 형제를 부르는 말 **三寸(삼촌)**　친척 사이의 관계 **寸數(촌수)**

알아두기 한자는 모두 몇 글자나 될까요?

한자는 글자 모양이 제각각인데요, 그러면 모두 몇 글자나 있을까요?

정답은 아무도 모른답니다. 우리나라나 중국의 큰 한자 사전에는 5~9만 글자 정도가 실려 있는데, 옛날 책에서 새로 발견되는 한자가 여전히 있고 지금도 필요에 따라 새로운 글자를 만들기도 하기 때문이에요. 우리나라에서 만들어진 한자도 있고요.

그에 비하면 한글은 자음 14개와 모음 10개를 조합해서 글자를 만드니까, 참 배우기 쉽고 우수한 글자라고 할 수 있어요.

50

1. 괄호 안 한자의 음(音 : 소리)을 오른쪽에 쓰세요.

- 과학 (敎)실은 복도의 맨 끝에 있습니다. ( )
- 철수와 영희는 사(寸) 사이입니다. ( )
- 학교 정(門) 앞 빵집에서 만나기로 해요. ( )
- 건물 (外)부에는 아름다운 벽화를 그렸어요. ( )

2. 밑줄 친 글자의 음이나 뜻에 맞는 한자를 찾아 번호를 적어요.

★ 보기 ①門 ②敎 ③寸 ④室 ⑤外

- 경복궁의 맨 앞에는 광화**문**이 있습니다. ( )
- 대학 **교**수가 되는 게 저의 목표입니다. ( )
- 11월의 **바깥** 날씨는 꽤 쌀쌀해요. ( )
- 외삼촌의 아들이니까 제게는 외사**촌**이에요. ( )
- 엄마의 사무**실**은 건물의 가장 위층에 있습니다. ( )

어제의 복습 한자를 따라 쓰고, 빈칸에 알맞은 훈(뜻)이나 음(소리)을 적어요.

學		학	先	먼저	
校	학교		生	날	

韓國民萬軍

1단계 그림을 보면서 한자의 훈음을 소리 내어 읽어요.

韓
한국 한/나라 한

國
나라 국

民
백성 민

萬
일만 만

軍
군사 군*

＊ 軍 자는 진지 안에 수레(車 : 수레 거/차)가 있는 모양이에요.

한자를 획 순서에 맞게 쓰고, 마지막 칸에는 훈음을 써요.

韓 한국 한 나라 한	(총 17획) ㄱ 十 十 寸 古 古 直 卓 乾 乾 乾 乾 乾 乾 乾 乾 韓				
	韓	韓	韓	韓	한국 한 나라 한
우리 한민족을 뜻하는 글자예요.					

* 태양(卓)이 성(韋)을 비추는 모습을 본뜬, '아침의 나라'에 어울리는 글자예요.

國 나라 국	(총 11획) ㅣ 冂 冂 冂 冃 冃 同 同 國 國 國				
	國	國	國	國	나라 국
창을 들고 성을 지키는 모습을 본뜬 글자예요.					

■ **한자 어휘**　자신이 태어난 나라 **母國(모국)**　자기 나라가 아닌 다른 나라 **外國(외국)**

民 백성 민	(총 5획) ㄱ ㄱ ㄸ ㄸ 民				
	民	民	民	民	백성 민
세로획을 위로 살짝 삐치는 것에 주의해요.					

■ **한자 어휘**　국가를 구성하는 사람 **國民(국민)**　국민이 나라의 주인인 체제 **民主主義(민주주의)**

萬 일만 만	(총 13획) 一 十 士 节 芍 苛 苔 芦 莒 莒 萬 萬 萬				
	萬	萬	萬	萬	일만 만
숫자 10,000, 또는 아주 많은 수를 뜻해요.					

■ 한자 어휘　　세상의 모든 것 **萬物(만물)**　모든 일에 능함 **萬能(만능)**

軍 군사 군	(총 9획) ′ 冖 冖 宀 宣 宣 盲 盲 軍				
	軍	軍	軍	軍	군사 군
'군대'나 '진을 치다'를 뜻하는 글자예요.					

■ 한자 어휘　　군대에서 근무하는 사람 **軍人(군인)**　하늘에서 싸우는 군대 **空軍(공군)**

알아두기　韓國(한국)이라는 이름은 어떻게 생겼을까요?

우리나라의 정식 명칭은 대한민국(大韓民國)이지요. '한민족이 살아가는 큰 나라'라는 뜻으로, 줄여서 한국, 또는 대한이라고도 해요. 고종 황제가 1897년에 대한제국을 선포한 것을 일제시대 때 상하이 임시정부에서 '제국'을 떼고 '민국'을 붙여 지금의 국호로 정했어요. 우리 한민족을 모두 아우른다는 뜻에서 '큰 한(韓)'이라는 의미를 담아 대한(大韓)으로 쓰게 된 거예요.

우리나라를 영어로 Korea(코리아)라고 하는 것은 고려(Corea) 시대 이래로 서양에 오랫동안 알려진 이름을 그대로 쓰는 거예요. 천 년 동안이나 써 온 이름이니까요.

1. 괄호 안 한자의 음(音 : 소리)을 오른쪽에 쓰세요.

- 캐나다는 미(**國**)과 국경을 사이에 두고 있어요.   (   )
- (**韓**)국의 문화가 세계에 널리 퍼지고 있습니다.   (   )
- 10월 1일은 국(**軍**)의 날입니다.   (   )
- 대통령은 5년마다 국(**民**) 투표로 뽑아요.   (   )

2. 밑줄 친 글자의 음이나 뜻에 맞는 한자를 찾아 번호를 적어요.

★ 보기   ① 軍   ② 韓   ③ 萬   ④ 國   ⑤ 民

- 세계에서 가장 넓은 **나라**는 러시아입니다.   (   )
- 삼촌은 해**군** 출신인데도 수영이 서툽니다.   (   )
- 한반도는 우리 **민**족의 오랜 터전입니다.   (   )
- **만**국 박람회는 영국 런던에서 처음 개최되었어요.   (   )
- 태극기는 대**한**민국의 국기입니다.   (   )

어제의 복습 한자를 따라 쓰고, 빈칸에 알맞은 훈(뜻)이나 음(소리)을 적어요.

| 教 | 가르칠 ☐ | 門 | 문 ☐ |
| 室 | 집 ☐ | 外 | ☐ 외 |

Part 3

7급 Ⅱ 한자
50자를
익혀요

day 11	上	下	左	右	內
	윗 상	아래 하	왼 좌	오른 우	안 내
day 12	男	子	手	足	世
	사내 남	아들 자	손 수	발 족	인간 세
day 13	正	直	平	江	海
	바를 정	곧을 직	평평할 평	강 강	바다 해
day 14	自	力	動	車	工
	스스로 자	힘 력	움직일 동	수레 거/차	장인 공
day 15	市	場	全	方	道
	시장 시	마당 장	온전 전	모 방	길 도
day 16	姓	名	安	孝	答
	성 성	이름 명	편안 안	효도 효	대답 답
day 17	時	空	間	前	後
	때 시	빌 공	사이 간	앞 전	뒤 후
day 18	食	事	立	電	氣
	밥/먹을 식	일 사	설 립	번개 전	기운 기
day 19	話	記	不	農	家
	말씀 화	기록할 기	아닐 불	농사 농	집 가
day 20	午	物	活	每	漢
	낮 오	물건 물	살 활	매양 매	한수/한나라 한

1단계 그림을 보면서 한자의 훈음을 소리 내어 읽어요.

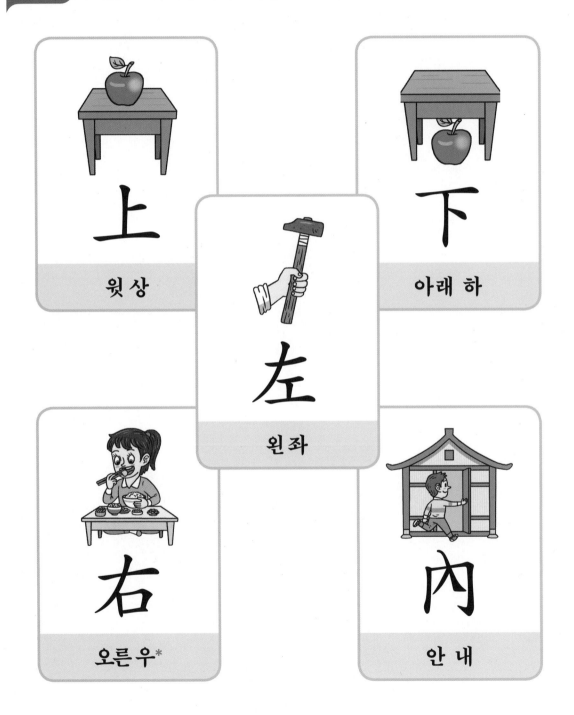

上
윗 상

左
왼 좌

下
아래 하

右
오른 우*

內
안 내

* 右 자는 오른손으로 밥을 먹기 때문에 입 구(口)가 쓰였다는 풀이도 있어요.

한자를 획 순서에 맞게 쓰고, 마지막 칸에는 훈음을 써요.

上 윗 상 기준선(-) 위의 선으로 '위'를 나타냈어요.	(총 3획) 丨 卜 上				
	上	上	上	上	윗 상

■ **한자 어휘**   위와 아래를 아우르는 말 **上下(상하)**   끌어올림 **引上(인상)**

下 아래 하 기준선(-) 아래의 선으로 '아래'를 나타냈어요.	(총 3획) 一 丁 下				
	下	下	下	下	아래 하

■ **한자 어휘**   산에서 내려옴 **下山(하산)**   아래로 떨어짐 **下落(하락)**

左 왼 좌 왼손에 공구를 쥔 모양을 본떴다고 해요.	(총 5획) 一 ナ ナ 左 左				
	左	左	左	左	왼 좌

■ **한자 어휘**   왼쪽 **左側(좌측)**   왼쪽으로 돎 **左回轉(좌회전)**

	(총 5획) ノナ 广 右 右				
右 오른 우 아래의 네모는 입을 뜻하는 입 구(口) 자예요.	右	右	右	右	오른 우

■ 한자 어휘   오른쪽으로 돎 **右回轉(우회전)**   어찌할 바를 모름 **右往左往(우왕좌왕)**

	(총 4획) 丨 冂 内 内				
内 안 내 집 안으로 들어 가는(入: 들 입) 모 습을 본떴어요.	内	内	内	内	안 내

■ 한자 어휘   안쪽 **内部(내부)**   사물의 속내를 이루는 것 **内容(내용)**

알아두기 左와 右의 첫 두 획은 필순이 달라요. 왜 그럴까요?

· 左 → 一 ナ ナ 左 左
· 右 → ノ ナ 广 右 右

삐침(ノ)과 가로획이 만날 때, 삐침이 길면 가로획을 먼저! : 左, 友(벗 우)

삐침이 짧으면 삐침을 먼저! : 右, 有(있을 유)

60

1. 밑줄 친 글자의 음이나 뜻에 맞는 한자를 찾아 번호를 적어요.

★ 보기   ① 內   ② 右   ③ 上   ④ 左   ⑤ 下

- 공은 **우**측 담장을 가볍게 넘어갔습니다.   (②)
- 약국은 **왼쪽** 길로 5분쯤 가면 있습니다.   (   )
- 소나무 **아래**에 텐트를 치는 게 좋겠어요.   (   )
- 건물 **내**부는 바깥보다 따뜻해요.   (   )
- 성적 향**상**은 열심히 공부하기에 달렸어요.   (   )

2. 밑줄 친 한자 단어의 음(音)을 괄호에 적어요.

- 참가자는 **上下** 관계가 아니라 동등해야 해요.   (상하)
- 경기장 **內外**는 관중으로 가득했습니다.   (   )
- 춥지만 등교와 **下校** 시간은 평소와 같습니다.   (   )
- 얼굴 좌측과 **右側**^{곁측}의 모양은 꼭 일치하지 않아요.   (   )

어제의 복습 한자를 따라 쓰고, 빈칸에 알맞은 훈(뜻)이나 음(소리)을 적어요.

韓	한국	☐	國	☐	국
民	백성	☐	軍	군사	☐

男 子 手 足 世

1단계 그림을 보면서 한자의 훈음을 소리 내어 읽어요.

男 사내 남

子 아들 자

手 손수

足 발족

世 인간 세

한자를 획 순서에 맞게 쓰고, 마지막 칸에는 훈음을 써요.

男 사내 남	(총 7획) 丨 冂 冂 冃 囲 田 胃 男				
	男	男	男	男	사내 남
밭 전(田)과 힘 력(力) 자를 합친 글자예요.					

■ 한자 어휘   남자와 여자 **男女(남녀)**   잘생긴 남자 **美男(미남)**

子 아들 자	(총 3획) 乛 了 子				
	子	子	子	子	아들 자
포대기에 싸인 아기의 모습을 본떴어요.					

■ 한자 어휘   아버지와 아들 **父子(부자)**   부모가 낳은 아이 **자식(子息)**

手 손 수	(총 4획) 丿 二 三 手				
	手	手	手	手	손 수
한쪽 손 모양을 본떠서 손이나 수단을 뜻해요.					

■ 한자 어휘   손과 발 **手足(수족)**   목적을 이루기 위한 도구 **手段(수단)**

足	(총 7획) 丨 ⼝ ⼝ 𤴔 𤴔 𧾷 足				
발 족	足	足	足	足	발 족
발을 뜻하는데, '넉넉하다'는 의미도 있어요.					

■ 한자 어휘　발을 헛디딤 **失足(실족)**　마음에 흡족함 **滿足(만족)**

世	(총 5획) 一 十 卅 卅 世				
인간 세	世	世	世	世	인간 세
나뭇잎을 본떴는데 인간, 세대 등을 뜻해요.					

■ 한자 어휘　사람이 살고 있는 모든 사회 **世上(세상)**　지구상의 모든 나라 **世界(세계)**

알아두기　여자(女子)라는 단어에 왜 아들 자(子)가 들어갈까요?

'남자'의 한자로는 사내 남(男)에 아들 자(子)를 쓰는데, 여자(女子)라는 단어에는 왜 아들 자(子)를 쓸까요? 그 이유는 '자(子)'라는 글자가 원래 남녀 구분 없이 자식, 아이라는 뜻으로 쓰였기 때문이에요. 그러다가 나중에 子를 남자아이, 사람, 스승(공자, 맹자처럼) 등으로 다양하게 쓰면서 남녀(男女)로도 구분했어요. 그러니까 여자(女子), 남자(男子)는 결국 '여자 사람, 남자 사람'인 뜻이네요.

1. 밑줄 친 글자의 음이나 뜻에 맞는 한자를 찾아 번호를 적어요.

★ 보기 ① 世 ② 子 ③ 男 ④ 足 ⑤ 手

• 저는 장**남**이고 여동생이 한 명 있습니다. ( )

• 만두는 **손**으로 빚는 게 훨씬 맛있어요. ( )

• 미래에는 더욱 편리한 **세**상이 펼쳐질 것입니다. ( )

• 할머니는 늘 손**자**를 그리워했습니다. ( )

• **발** 없는 말이 천 리를 간다는 소문도 있잖아요. ( )

2. 밑줄 친 한자 단어의 음(音)을 괄호에 적어요.

• 오빠가 다니는 중학교는 **男女** 공학입니다. ( )

• 손과 발이 차가운 증상을 **手足**냉증이라고 해요. ( )

• **世上**에서 가장 소중한 것은 나 자신입니다. ( )

• 그의 **子女**는 모두 세 명이었습니다. ( )

어제의 복습 한자를 따라 쓰고, 빈칸에 알맞은 훈(뜻)이나 음(소리)을 적어요.

| 左 | ☐ | 좌 | 右 | 오른 | ☐ |
| 上 | 윗 | ☐ | 下 | 아래 | ☐ |

1단계   그림을 보면서 한자의 훈음을 소리 내어 읽어요.

正
바를 정

平
평평할 평

直
곧을 직

江
강 강

海
바다 해*

* 오랜 옛날에는 바다를 흔히 어머니(母)에 비유했어요.

한자를 획 순서에 맞게 쓰고, 마지막 칸에는 훈음을 써요.

正 바를 정	(총 5획) 一 丁 下 正 正				
	正	正	正	正	바를 정
기준선(一)에 바르게 멈춘(止: 그칠 지) 모양이에요.					

■ 한자 어휘   옳은 답 **正答(정답)**   건물 앞에 있는 문 **正門(정문)**

直 곧을 직	(총 8획) 一 十 十 古 古 有 首 直				
	直	直	直	直	곧을 직
눈(目)의 시선이 곧음을 나타낸 글자예요.					

■ 한자 어휘   마음에 거짓이 없음 **正直(정직)**   곧게 나아감 **直進(직진)**

平 평평할 평	(총 5획) 一 ア 丒 丞 平				
	平	平	平	平	평평할 평
저울이 수평을 이루듯이 평평함을 뜻해요					

■ 한자 어휘   나란히 감 **平行(평행)**   차별 없이 고름 **平等(평등)**

江	(총 6획) `ᐟ `ᐟ `ᐟ `氵 `汀 `江 `江				
강 강	江	江	江	江	강 강
앞에 붙은 氵은 물 수(水)와 같 은 뜻이에요.					

■ 한자 어휘　　강과 산 **江山(강산)**　　강의 남쪽 지역 **江南(강남)**

海	(총 10획) `ᐟ `ᐟ `氵 `氵 `氵 `汇 `海 `海 `海 `海				
바다 해	海	海	海	海	바다 해
이 한자에도 물 (水)을 뜻하는 氵이 붙었어요.					

■ 한자 어휘　　동쪽에 있는 바다 **東海(동해)**　　바다 위 **海上(해상)**

알아두기　氵(水)이 붙은 글자는 물과 관계가 있어요.

江(강 강)과 海(바다 해)에는 글자 앞에 물을 뜻하는 氵(水)이 붙었어요. 氵= 水(물 수)이니까, 氵이 붙은 한자는 대개 물과 관계가 있어요. 예를 들어 湖(호수 호), 汗(땀 한), 漁(고기 잡을 어) 같은 한자도 모두 물과 뗄 수 없는 관계이지요?

그런데 水(물 수)에 점 하나를 찍으면 氷(얼음 빙)이 되듯이 예외가 있으니까, 오늘은 江과 海에 물을 뜻하는 氵이 들어간다는 정도만 기억해요. 참고로 氵은 3획인 부수라서 흔히 '삼수변'이라 고 불러요.(한자 부수에 대해서는 122쪽에서 설명할게요.)

1. 밑줄 친 글자의 음이나 뜻에 맞는 한자를 찾아 번호를 적어요.

★ 보기 ① 海 ② 直 ③ 江 ④ 正 ⑤ 平

• 전쟁이 끝나고 다시 **평**화가 찾아왔습니다. ( )

• 지구에서 **바다**는 육지보다 두 배 이상 넓어요. ( )

• 경기장 **정**문에서 9시에 만나기로 해요. ( )

• 한반도에서 가장 긴 강은 압록**강**입니다. ( )

• 로켓이 굉장한 소리를 내며 **곧게** 솟구쳤습니다. ( )

2. 밑줄 친 한자 단어의 음(音)을 괄호에 적어요.

• 여름 휴가는 **南海**로 떠날 생각입니다. ( )

• 엄마는 항상 **正直**하라고 말씀하십니다. ( )

• 아름다운 우리 **江山**을 잘 가꾸어야 합니다. ( )

• 비행기 두 대가 **平行**^{다닐 행}하게 날고 있었습니다. ( )

어제의 복습 한자를 따라 쓰고, 빈칸에 알맞은 훈(뜻)이나 음(소리)을 적어요.

世 인간 [ ]   男 사내 [ ]

手 [ ] 수   足 발 [ ]

自力動車工

1단계 그림을 보면서 한자의 훈음을 소리 내어 읽어요.

自
스스로 자*

力
힘 력(역)

動
움직일 동

車
수레 거/차

工
장인 공

* 自는 코를 본뜬 글자로, 내 코를 가리키는 데서 '스스로'를 뜻해요.

한자를 획 순서에 맞게 쓰고, 마지막 칸에는 훈음을 써요.

	(총 6획) ´ ⼓ ⼓ ⽩ ⽩ ⾃				
自 스스로 자 흰 백(白)의 글자 모양과 구별해요.	自	自	自	自	스스로 자

■ **한자 어휘**　　바로 그 사람 **自身(자신)**　　의지하지 않고 스스로 섬 **自立(자립)**

	(총 2획) ⼓ ⼒				
力 힘 력(역) 힘쓸 때의 팔 근육을 본뜬 글자라고 해요.	力	力	力	力	힘 력

■ **한자 어휘**　　한 나라가 지닌 모든 방면의 힘 **國力(국력)**　　속도의 크기 **速力(속력)**

	(총 11획) ´ ⼆ ⼆ ⼆ ⼆ ⼆ ⼆ 重 重 動 動				
動 움직일 동 무거울 중(重)과 힘 력(力)을 합친 글자예요.	動	動	動	動	움직일 동

■ **한자 어휘**　　움직이게 하는 힘 **動力(동력)**　　식물의 반대말 **動物(동물)**

車	(총 7획) 一 丆 丂 亓 百 車 車				
수레 거/차	車	車	車	車	수레 거/차
거와 차, 두 가지 음으로 읽히는 한자예요.					

■ 한자 어휘　　원동기로 움직이는 차 **自動車(자동차)**　사람이 끄는 수레 **人力車(인력거)**

工	(총 3획) 一 丁 工				
장인 공	工	工	工	工	장인 공
연장 모양을 본 뜬 글자로 장인, 일을 뜻해요.					

■ 한자 어휘　　사람이 만든 것 **人工(인공)**　제조 설비를 갖춘 곳 **工場(공장)**

알아두기　소리(음)는 같은데 뜻(훈)은 다른 한자를 알아보아요.

앞에서 子(아들 자)를 배웠지요? 이 글자는 自(스스로 자)와 음이 똑같네요. 이처럼 뜻은 다른데, 음이 같은 한자들이 많아요. 예를 들어 글자를 뜻하는 字(글자 자)도 '자'로 읽어요. 물론 자주 쓰이는 한자를 중심으로 하나씩 익히면 돼요. 자, 다시 한 번 읽고 써 볼까요?

子	아들 자	自	스스로 자

1. 밑줄 친 글자의 음이나 뜻에 맞는 한자를 찾아 번호를 적어요.

★ 보기 ① 動 ② 自 ③ 力 ④ 車 ⑤ 工

- 해안을 따라서 큰 **공**장이 들어섰어요. (   )
- 요즘은 자**동** 기능인 제품이 많아요. (   )
- 나라의 **힘**을 기르는 게 무엇보다 중요해요. (   )
- 여기부터는 **차**를 타고 가는 게 더 편할 거예요. (   )
- 이제는 여러분 **스스로** 결정해야 할 나이입니다. (   )

2. 밑줄 친 한자 단어의 음(音)을 괄호에 적어요.

- 경제력이 곧 **國力**인 시대가 되었습니다. (   )
- 앞으로는 **人工** 지능의 역할이 더욱 커질 거예요. (   )
- 주말에는 **自動車**가 많아서 복잡합니다. (   )
- 반복 학습이 성적 향상의 **動力**이 되었어요. (   )

어제의 복습 한자를 따라 쓰고, 빈칸에 알맞은 훈(뜻)이나 음(소리)을 적어요.

正	바를	□	江	강	□
直	곧을	□	海	□	해

市 場 全 方 道

1단계 그림을 보면서 한자의 훈음을 소리 내어 읽어요.

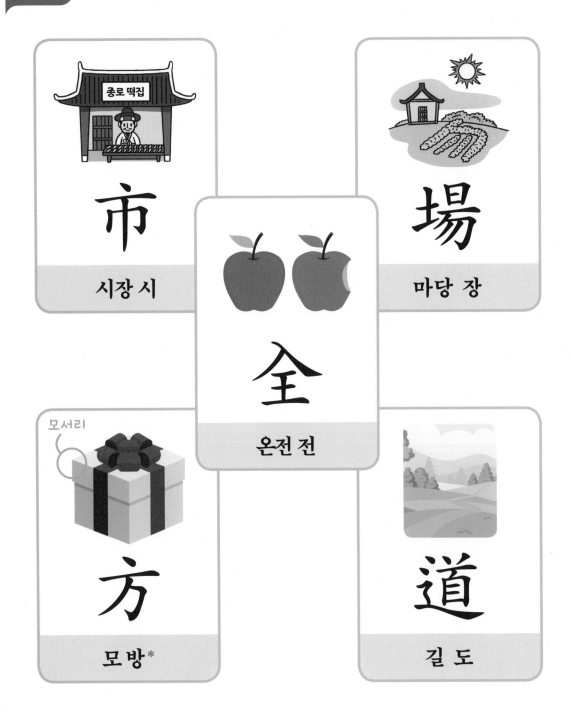

市 시장 시

場 마당 장

全 온전 전

方 모 방*

道 길 도

* '모'는 모서리, 모퉁이를 뜻해요.

한자를 획 순서에 맞게 쓰고, 마지막 칸에는 훈음을 써요.

市 시장 시	(총 5획) ㅗ ㅗ ㅗ 市 市				
	市	市	市	市	시장 시
시장이나 번화 가, 도시를 뜻하 기도 해요.					

■ 한자 어휘   상품을 사고파는 장소 **市場(시장)**   그 시에 사는 사람 **市民(시민)**

場 마당 장	(총 12획) 一 十 土 圹 圹 圹 坦 坦 坦 場 場 場				
	場	場	場	場	마당 장
볕이 잘 드는 땅 (土) 모습을 본뜬 글자예요.					

■ 한자 어휘   운동을 위한 넓은 공간 **運動場(운동장)**   어떤 일이 일어나는 곳 **場所(장소)**

全 온전 전	(총 6획) ノ ㅅ 仐 仐 全 全				
	全	全	全	全	온전 전
'온전하다', '완전 하다'를 뜻하는 글자예요.					

■ 한자 어휘   온 나라 **全國(전국)**   낱낱을 모두 합친 것 **全部(전부)**

方 모 방	(총 4획) ` 亠 亍 方				
	方	方	方	方	모 방
모서리, 네모, 방향, 방법 등을 뜻해요.					

■ 한자 어휘　　동서남북 네 방향 **四方(사방)**　　목적을 이루는 수단, 방식 **方法(방법)**

道 길 도	(총 13획) ` 丷 丷 丷 首 首 首 首 首 首 渞 道 道				
	道	道	道	道	길 도
사람(首 : 머리 수)이 다니는 길, 도리를 뜻해요.					

■ 한자 어휘　　차가 다니는 길 **車道(차도)**　　마땅히 지켜야 할 규범 **道德(도덕)**

알아두기　모양이 비슷해서 헷갈리기 쉬운 한자를 써 보아요.

金	쇠 금 성 김	長	긴 장	車	수레 거/차
全	온전 전	場	마당 장	軍	군사 군

1. 밑줄 친 글자의 음이나 뜻에 맞는 한자를 찾아 번호를 적어요.

★ 보기 ① 道 ② 全 ③ 方 ④ 場 ⑤ 市

- 구경은 전통 **시**장이 더 재미있지 않을까요?　　　　　　(　　　)
- 아침 모임에는 **전**원 참석해야 해요.　　　　　　　　(　　　)
- 경북 지**방**은 예전부터 사과가 유명해요.　　　　　　(　　　)
- 먼 **길**을 가려면 좋은 친구가 필요합니다.　　　　　　(　　　)
- 광화문 광**장**에는 이순신 장군의 동상이 있어요.　　(　　　)

2. 밑줄 친 한자 단어의 음(音)을 괄호에 적어요.

- 도시 내 공원은 **市民**의 휴식처 역할을 합니다.　　　(　　　)
- 집 근처에는 아무 **工場**도 없습니다.　　　　　　　　(　　　)
- 태권도 **道場**에서 매일 운동하고 있습니다.　　　　　(　　　)
- 이 마을은 **四方**이 산으로 둘러싸여 있어요.　　　　(　　　)

어제의 복습 한자를 따라 쓰고, 빈칸에 알맞은 훈(뜻)이나 음(소리)을 적어요.

| 自 | 스스로 ☐ | 力 | ☐ 력 |
| 動 | 움직일 ☐ | 車 | ☐ 거 차 |

姓 名 安 孝 答

1단계 그림을 보면서 한자의 훈음을 소리 내어 읽어요.

姓
성 성

名
이름 명

安
편안 안

孝
효도 효

答
대답 답

2단계 한자를 획 순서에 맞게 쓰고, 마지막 칸에는 훈음을 써요.

姓 성 성 여자 녀(女)와 날 생(生)을 합친 글자예요.	(총 8획) ㇛ 𡿨 女 女 女 女 姓 姓			
	姓	姓	姓	姓	성 성

■ **한자 어휘** 성과 이름 **姓名(성명)** 옛날에 일반 평민을 이르던 말 **百姓(백성)**

名 이름 명 저녁 석(夕)과 입 구(口)를 합친 글자예요.	(총 6획) ノ ク タ タ 名 名			
	名	名	名	名	이름 명

■ **한자 어휘** 이름이 널리 알려짐 **有名(유명)** 사람들의 이름을 적은 표 **名單(명단)**

安 편안 안 집(宀)에 여자(女)가 있다는 데서 '편안'을 뜻해요.	(총 6획) ' ' 宀 安 安 安			
	安	安	安	安	편안 안

■ **한자 어휘** 위험의 염려가 없음 **安全(안전)** 마음을 편히 가짐 **安心(안심)**

	(총 7획) ㄱ 十 土 耂 孝 孝 孝				
孝 효도 효 자식이 늙은 부모를 업고 있는 모양이에요.	孝	孝	孝	孝	효도 효

- **한자 어휘**　부모를 잘 섬기는 아들 **孝子(효자)**　부모를 잘 섬기는 일 **孝道(효도)**

	(총 12획) ノ 广 广 广 广 竺 竺 竺 笨 答 答				
答 대답 답 대나무(竹)에 쓴 편지에 답한다는 의미예요.	答	答	答	答	대답 답

- **한자 어휘**　옳은 답 **正答(정답)**　대답으로 보내는 편지 **答狀(답장)**

알아두기　두 글자를 합쳐서 만든 한자에 대해 알아보아요.

- **女** (여자 녀) + **生** (날 생) → **姓** (성 성)

  옛날에 어머니 중심 사회일 때 여자에게서 태어난 같은 혈연이라는 데에서 '성'을 뜻해요.

- **夕** (저녁 석) + **口** (입 구) → **名** (이름 명)

  저녁에는 어두워서 입(口)으로 이름을 불러야 한다는 데에서 '이름'을 뜻해요.

- **田** (밭 전) + **力** (힘 력) → **男** (사내 남)

  밭에서 농기구를 가지고 힘쓰는 모습을 나타낸 데에서 '사내'를 뜻해요.

1. 밑줄 친 글자의 음이나 뜻에 맞는 한자를 찾아 번호를 적어요.

★ 보기 ① 答 ② 姓 ③ 孝 ④ 名 ⑤ 安

• 한국인의 **성** 중에는 김씨가 가장 많아요.   (   )

• 봄에 보낸 편지는 여름에야 **답**장이 왔습니다.   (   )

• 이 꽃의 **이름**은 개나리이고 꽃말은 희망이에요.   (   )

• 그들 남매의 **효**성에는 하늘도 감동했습니다.   (   )

• 열이 내렸으니 이제는 **안**심하셔도 됩니다.   (   )

2. 밑줄 친 한자 단어의 음(音)을 괄호에 적어요.

• 풀이 과정이 올바르면 **正答**이 보일 거예요.   (   )

• 경기 전에는 **安全**을 위해 준비 운동부터 해요.   (   )

• 답안지에 **姓名**을 적는 것을 잊지 말아요.   (   )

• **孝女** 심청은 아버지의 눈을 뜨게 하고 싶었어요.   (   )

어제의 복습 한자를 따라 쓰고, 빈칸에 알맞은 훈(뜻)이나 음(소리)을 적어요.

市	시장 □	全	온전 □
場	마당 □	道	□ 도

한자는 그 많은 글자를 어떻게 일일이 만들었을까요? 산 산(山)이나 나무 목(木)처럼 사물의 모양을 본뜬 글자들을 앞에서 배웠지요? 이렇게 만든 글자를 상형(모양을 본뜸) 문자라고 하는데, 이 밖에도 한자가 만들어진 원리가 더 있어요. 차례로 알아봐요.

1. 상형 문자 : 사물의 모양을 본떠서 만든 글자

山 산산 月 달월 木 나무목

산봉우리 모양에서 山을 만들었듯이 '상형(象形)'이란 모양을 본뜬다는 의미예요.

2. 지사 문자 : 사물의 개념을 기호화하여 만든 글자

上 윗상 下 아래하 十 열십

사물의 개념을 점이나 선으로 표현했어요. 지사(指事)는 사물을 가리킨다는 뜻이에요.

3. 회의 문자 : 둘 이상의 한자를 합쳐 새로운 뜻을 만든 글자

회의(會意)란 '뜻을 모았다'는 말이에요.(會 - 모일 회/ 意 - 뜻 의) 각각의 한자를 합쳐 새로운 뜻의 한자를 만들었어요.

人 + 木 = 休 ← **사람이 나무에 기대어 쉬니 쉴 휴!**
사람 인 나무 목 쉴 휴

82

木 + 木 = 林 ← **나무 옆에 나무가 또 있으니까 수풀 림!**

나무 목   나무 목   수풀 림

4. 형성 문자 : 두 글자를 합치는데 한쪽은 뜻, 한쪽은 소리를 나타내는 글자

한 글자는 뜻, 다른 글자는 소리를 가져와 새로운 글자를 만들었어요. 당연히 소리를 가져온 글자와는 음이 같겠지요. 뜻을 가져온 글자와는 관련한 뜻이 되겠고요.

口 + 門 = 問 ← **뜻은 입, 음은 문을 합쳐서 물을 문!**

입 구   문 문   물을 문

5. 전주 문자 : 이미 있는 한자를 다른 뜻이나 발음으로도 쓰는 글자

樂 노래 악, 즐길 락(낙), 좋아할 요

이 글자는 원래 '노래'를 뜻하는 노래 악(樂)인데, 노래를 들으면 즐거우니까 '즐길 락(낙)'으로도 쓰게 됐어요. 마찬가지로 '좋아할 요'로도 쓰이고요. 이처럼 원래 있는 글자에 뜻을 추가해 쓰는 한자를 전주 문자라고 해요. 전주(轉注)란 '바꾸어 붓는다'는 뜻이에요.

6. 가차 문자 : 본래 뜻과 상관 없이 소리(음)만 빌려서 쓰는 글자

프랑스 → 불란서(佛蘭西)   이탈리아 → 이태리(伊太利)

외국어를 한자로 적으려면 어떻게 해야 할까요? 뜻은 둘째치고 어느 정도 비슷한 발음으로 적어야 하겠죠? 그래서 위처럼 음만 빌려서 쓰는 글자를 가차(假借)라고 해요.

時 空 間 前 後

1단계 그림을 보면서 한자의 훈음을 소리 내어 읽어요.

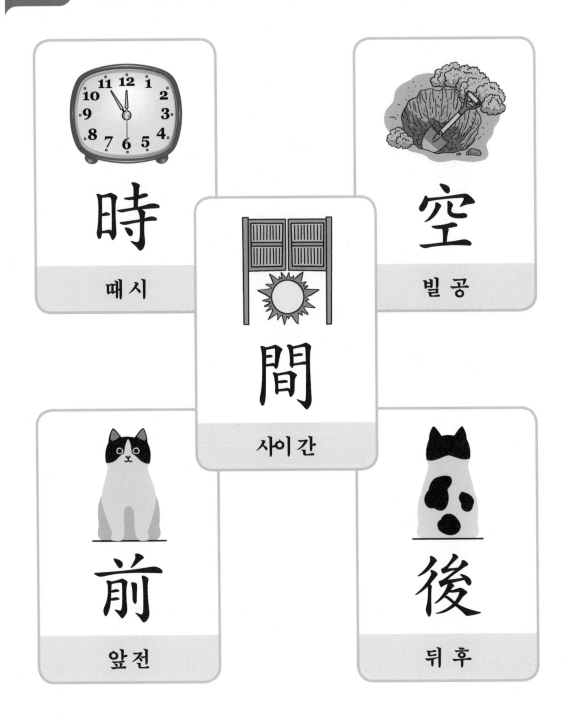

時
때 시

空
빌 공

間
사이 간

前
앞 전

後
뒤 후

時 때 시

(총 10획) 丨 丿 刀 日 日 旷 旷 旷 旷 旷 時 時

時 時 時 時 때 시

날 일(日)과 절 사(寺)를 합쳐 '때'를 뜻해요.

■ 한자 어휘 시각을 나타내는 장치 **時計(시계)** 역사적으로 구분한 기간 **時代(시대)**

空 빌 공

(총 8획) 丶 丷 宀 宍 宍 空 空 空

空 空 空 空 빌 공

구멍 혈(穴)과 장 인 공(工)을 합친 글자예요.

■ 한자 어휘 하늘과 땅 사이의 빈 곳 **空中(공중)** 아무것도 없이 비어 있음 **空白(공백)**

間 사이 간

(총 12획) 丨 冂 冂 冃 門 門 門 門 門 間 間 間

間 間 間 間 사이 간

문(門) 사이로 해 (日)가 비치는 모 양이에요.

■ 한자 어휘 두 시각의 사이 **時間(시간)** 사람 **人間(인간)**

85

前	(총 9획) ` ` ` ` 丷 兯 前 前 前 前 前				
앞 전	前	前	前	前	앞 전
'앞'이나 '먼저', '앞서다'를 뜻하는 글자예요.					

■ **한자 어휘**　　식사하기 전 **食前(식전)**　　앞으로 나아감 **前進(전진)**

後	(총 9획) ´ ⺈ 彳 彳 彳 徉 徉 徉 後				
뒤 후	後	後	後	後	뒤 후
'뒤'나 '나중', '뒤지다'를 뜻하는 글자예요.					

■ **한자 어휘**　　앞과 뒤 **前後(전후)**　　이전의 잘못을 뉘우침 **後悔(후회)**

알아두기　시간과 시각은 어떤 차이가 있을까요?

'시간'과 '시각'은 비슷한 듯하면서도 다른 말이에요. 그래서 쓰임새가 헷갈리는 경우가 있는데, 두 낱말의 한자를 알면 정확한 뜻을 이해할 수 있어요.

먼저 시간(時間)의 한자는 '때 시'와 '사이 간'이네요. 그러니까 때와 때 사이의 간격을 뜻해요. 이에 비해 시각(時刻)의 한자는 '때 시'와 '새길 각(刻)'이에요. '때를 새긴다'는 뜻이니까, 시각은 어느 한 시점을 말해요. 시각과 시각 사이가 '시간'이 되는 거고요. 그런데 '기차 출발 시각' 외에 '기차 출발 시간'으로도 쓰듯이 지금은 '시간'이 '시각'의 뜻도 포함하고 있어요.

1. 밑줄 친 글자의 음이나 뜻에 맞는 한자를 찾아 번호를 적어요.

★ 보기 ① 後 ② 時 ③ 間 ④ 空 ⑤ 前

- 책이 재미있어서 **후**속편을 기대하고 있어요.   (   )
- 늦게 온 학생은 뒤의 **빈** 의자에 앉으세요.   (   )
- 두 정류장 **사이**는 거리가 너무 멀어요.   (   )
- 열차의 출발 **시**각은 5시 30분입니다.   (   )
- 많은 사람들이 가게 **앞**에 줄지어 섰습니다.   (   )

2. 밑줄 친 한자 단어의 음(音)을 괄호에 적어요.

- 우리 **人間** 역시 자연의 일부입니다.   (   )
- 우선 **前後** 사정을 들어 보고 결정하기로 해요.   (   )
- 타임머신은 **時間** 여행이 가능한 장치입니다.   (   )
- 하늘에서 **空軍** 전투기의 묘기가 펼쳐졌습니다.   (   )

어제의 복습 한자를 따라 쓰고, 빈칸에 알맞은 훈(뜻)이나 음(소리)을 적어요.

姓	성 [ ]	名	[ ] 명
孝	효도 [ ]	安	편안 [ ]

食 事 立 電 氣

1단계 그림을 보면서 한자의 훈음을 소리 내어 읽어요.

食
밥 식/먹을 식

事
일 사

立
설 립(입)

電
번개 전

氣
기운 기

한자를 획 순서에 맞게 쓰고, 마지막 칸에는 훈음을 써요.

食 밥 식 먹을 식 밥을 담은 그릇을 본떴어요.	(총 9획) ⁄ ㅅ ㅅ ㅅ 今 今 食 食 食
	食	食	食	食	밥식 먹을식

■ **한자 어휘**   음식을 파는 곳 **食堂(식당)**   밥이나 국 같은 요리 **飮食(음식)**

事 일 사 일, 직업을 뜻하며 세로획을 마지막에 써요.	(총 8획) 一 ㄱ ㅁ ㅁ 写 写 写 事
	事	事	事	事	일사

■ **한자 어휘**   일과 물건 **事物(사물)**   어떤 목적과 계획을 가지고 일함 **事業(사업)**

立 설 립(입) 사람이 땅 위에 서 있는 모습을 본뜬 글자예요.	(총 5획) 丶 亠 十 立 立
	立	立	立	立	설립

■ **한자 어휘**   스스로 섬 **自立(자립)**   처해 있는 상황 **立場(입장)**

電 번개 전	(총 13획) 一 厂 戶 甬 雨 雨 雨 雨 雪 雪 雷 電				
	電	電	電	電	번개 전
비 우(雨)가 붙어서 번개나 전기를 뜻해요.					

■ 한자 어휘   전자의 움직임으로 생기는 에너지 **電氣(전기)**   전화기로 대화함 **電話(전화)**

氣 기운 기	(총 10획) 丿 ⺊ ⺊ 气 气 气 气 氣 氣 氣				
	氣	氣	氣	氣	기운 기
기운 기(气)에 다시 쌀 미(米)를 합쳤어요.					

■ 한자 어휘   지구를 둘러싸는 투명한 기체 **空氣(공기)**   싱싱하고 힘찬 기운 **生氣(생기)**

알아두기   한자 동음이의어에 대해 알아보아요.

동음이의어(同音異義語)란 음이 같고 뜻은 다른 낱말을 말해요. 그래서 한글 단어만 있으면 정확한 뜻을 알기 어려울 수도 있어요. 이 때문에 한자를 공부할 필요가 있는 것이고요.

예를 들어 인명(人名)은 '사람의 이름'이고, 인명(人命)은 '사람의 목숨'이란 뜻이에요.(命 : 목숨 명)

한자를 보면 분명한 뜻을 알 수 있겠죠? 이런 단어는 우리말에 드물지 않게 있답니다.

전기(電氣) : 전자가 만드는 에너지   **사고(思考)** : 생각하고 궁리함(思 : 생각 사)

전기(傳記) : 평생의 행적을 적은 글(傳 : 전할 전)   **사고(事故)** : 뜻밖에 일어난 불행한 일

1. 밑줄 친 글자의 음이나 뜻에 맞는 한자를 찾아 번호를 적어요.

★ 보기 ① 立 ② 事 ③ 電 ④ 食 ⑤ 氣

- 나는 케이크보다 떡을 **먹는** 게 더 좋아요. ( )
- 공부방의 **전**등이 너무 어두워요. ( )
- 모두가 **서서** 농구 경기를 관람했습니다. ( )
- 휴일이라서 **사**무실에는 아무도 없을 거예요. ( )
- 요즘은 **기**온 변화가 크니까 감기에 조심해요. ( )

2. 밑줄 친 한자 단어의 음(音)을 괄호에 적어요.

- 내 힘으로 해내려는 **自立** 정신이 필요합니다. ( )
- 주의 사항은 **電子** 제품 뒤에 붙어 있어요. ( )
- 집 앞의 도로 **工事**는 연말에 끝난다고 해요. ( )
- 오후에는 **空氣**가 나쁘다니까 외출하지 말아요. ( )

어제의 복습 한자를 따라 쓰고, 빈칸에 알맞은 훈(뜻)이나 음(소리)을 적어요.

| 時 | 때 | | 空 | 빌 | |
| 前 | | 전 | 後 | 뒤 | |

1단계 그림을 보면서 한자의 훈음을 소리 내어 읽어요.

話 말씀 화

記 기록할 기

不 아닐 불(부)

農 농사 농

家 집 가*

* 家는 옛날에 집(宀) 안에서 돼지(豕)를 기른 데서 '집'을 뜻해요.

한자를 획 순서에 맞게 쓰고, 마지막 칸에는 훈음을 써요.

話 말씀 화	(총 13획) 　ᅳ　ᅳ　ᅳ　言　言　言　訂　訂　訐　話　話				
	話	話	話	話	말씀 화
말씀 언(言)과 혀 설(舌)을 합친 글 자예요.					

■ 한자 어휘　　서로 이야기를 주고받음 **對話(대화)**　 이야깃거리 **話題(화제)**

記 기록할 기	(총 10획) 　ᅳ　ᅳ　ᅳ　言　言　言　記　記　記				
	記	記	記	記	기록할 기
말씀 언(言)과 몸 기(己)를 합친 글 자예요.					

■ 한자 어휘　　날마다 적는 기록 **日記(일기)**　 신문 등에서 사실을 적은 글 **記事(기사)**

不 아닐 불(부)	(총 4획) 　ᅳ　ᄀ　ᄌ　不				
	不	不	不	不	아닐 불
不 다음의 초성 이 ㄷ, ㅈ이면 '부' 로 읽어요.					

■ 한자 어휘　　마음이 편안하지 않음 **不安(불안)**　 충분하지 않음 **不足(부족)**

農 농사 농	(총 13획)	ㅣ 冂 曰 曲 曲 曲 严 严 農 農 農 農			
	農	農	農	農	농사 농
밭(曲=田)에서 일하는 모습을 본떴어요.					

■ **한자 어휘**   곡식, 과일 등을 기르는 일 **農事(농사)**   농업을 경영하는 곳 **農場(농장)**

家 집 가	(총 10획)	㔫 宀 宀 宀 宇 宇 家 家 家			
	家	家	家	家	집 가
'돼지 시(豕)'는 돼지를 그린 글자예요.					

■ **한자 어휘**   한 가정을 이끄는 사람 **家長(가장)**   한 집안을 이루는 사람들 **家族(가족)**

알아두기 不(아닐 불)은 어떨 때 '부'로 읽을까요?

不은 '아닐 불'로 읽는데, 뒤에 오는 글자의 첫소리(초성)가 ㄷ, ㅈ이면 '부'로 읽어요. 각각의 경우를 한 단어씩 따라 써 봐요.(安 : 편안 안 / 足 : 발 족)

불안 不 安   부족 不 足

94

1. 밑줄 친 글자의 음이나 뜻에 맞는 한자를 찾아 번호를 적어요.

★ 보기   ① 家   ② 話   ③ 農   ④ 記   ⑤ 不

- 들에서 **농**부들이 벼를 수확하고 있습니다.   (   )
- 투명 인간은 현재 과학으로는 **불**가능합니다.   (   )
- 수업이 끝나면 통**화**하기로 해요.   (   )
- 이번 주말은 **집**에서 밀린 공부를 할 거예요.   (   )
- 꽃이 피는 과정을 매일 아침에 **기**록했습니다.   (   )

2. 밑줄 친 한자 단어의 음(音)을 괄호에 적어요.

- **國家** 간의 약속을 국제 조약이라고 합니다.   (   )
- 최초로 **電話**를 발명한 사람은 미국인 벨입니다.   (   )
- 아저씨의 사연은 신문 **記事**에도 소개됐어요.   (   )
- 목표를 채우려면 아직 많이 **不足**합니다.   (   )

어제의 복습 한자를 따라 쓰고, 빈칸에 알맞은 훈(뜻)이나 음(소리)을 적어요.

食	밥/먹을	☐	事	일	☐
電	번개	☐	氣	기운	☐

1단계 그림을 보면서 한자의 훈음을 소리 내어 읽어요.

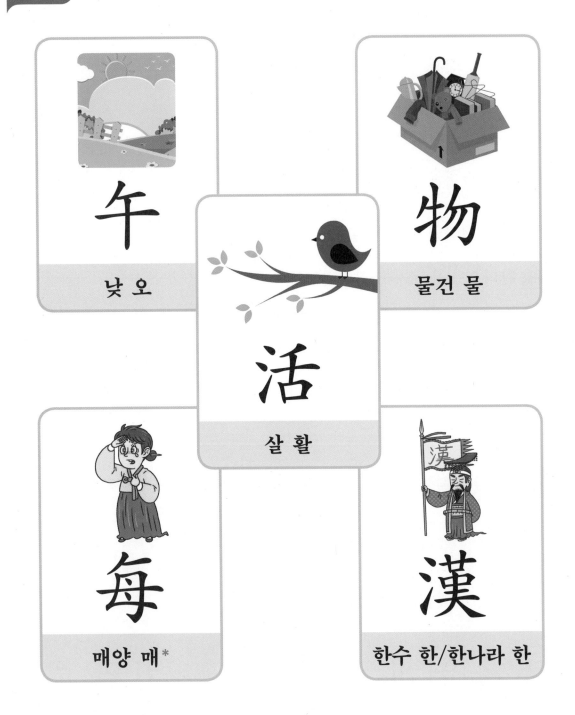

午
낮 오

物
물건 물

活
살 활

每
매양 매*

漢
한수 한/한나라 한

＊ 每는 늘 자식을 위하는 어머니(母)의 마음을 본떠 '매양(번번이, 늘)'을 뜻해요.

한자를 획 순서에 맞게 쓰고, 마지막 칸에는 훈음을 써요.

午 낮 오	(총 4획) ノ ヒ ヒ 午				
	午	午	午	午	낮 오
세로획이 위로 삐져나오면 소 우(牛)가 돼요.					

■ 한자 어휘   자정부터 낮 12시까지 **午前(오전)**   낮 12시 **正午(정오)**

物 물건 물	(총 8획) ノ ヒ ヒ 牛 牛 牛 物 物				
	物	物	物	物	물건 물
소 우(牛)가 붙어서 물건, 사물을 뜻해요.					

■ 한자 어휘   일과 물건 **事物(사물)**   돈이나 값나가는 모든 물건 **財物(재물)**

活 살 활	(총 9획) ` ` ` 冫 汗 汗 汗 活 活 活				
	活	活	活	活	살 활
물 수(氵=水)와 혀 설(舌)을 합친 글자예요.					

■ 한자 어휘   일정한 환경에서 살아감 **生活(생활)**   몸을 움직여 행동함 **活動(활동)**

每 매양 매	(총 7획) ノ ㇒ 仁 勹 勽 每 每				매양 매
海(바다 해)에서 氵이 빠진 모양이에요.	每	每	每	每	

■ 한자 어휘　　하루하루 모든 날 **每日**(매일)　　모든 일 **每事**(매사)

漢 한수 한 한나라 한	(총 14획) ㇒ ㇔ ㇀ 氵 氵 汁 泔 淜 淜 淜 淜 漢 漢 漢				한수 한
중국 '한나라'를 뜻하는데 '강'을 말하기도 해요.	漢	漢	漢	漢	

■ 한자 어휘　　중국에서 쓰는 문자 **漢字**(한자)　　우리나라 중부를 흐르는 강 **漢江**(한강)

알아두기 우리나라 한강에는 왜 漢(한수 한) 자를 쓸까요?

漢(한수 한/한나라 한)에서 한나라는 중국의 옛 나라를 말해요. 그런데 우리나라 중부를 흐르는 한강은 왜 漢江으로 적을까요? 그 이유는 漢이 '한나라'라는 뜻 이전에 그 지역의 '강(한수)'을 뜻하던 데서 의미를 가져왔기 때문이에요. 한 번씩 따라 써 봐요.

한국　韓　國　　한강　漢　江

1. 밑줄 친 글자의 음이나 뜻에 맞는 한자를 찾아 번호를 적어요.

★ 보기　①活　②漢　③物　④每　⑤午

- 방에는 정리해야 할 **물**건이 가득 쌓였습니다.　　　　　　　　(　　　)
- 영희는 **매**사에 최선을 다하는 게 장점입니다.　　　　　　　(　　　)
- 옛날 책이라서 **한**문 글자가 아주 많아요.　　　　　　　　　(　　　)
- 축구 경기는 **오**후 4시부터 시작합니다.　　　　　　　　　　(　　　)
- 인형은 마치 **살아** 있는 듯이 보였습니다.　　　　　　　　　(　　　)

2. 밑줄 친 한자 단어의 음(音)을 괄호에 적어요.

- 앞으로 **每月** 세 권씩 책을 읽을 거예요.　　　　　　　　　(　　　)
- 환경에 적응하지 못한 **生物**은 모두 사라졌어요.　　　　　(　　　)
- 방과 후 **活動** 시간에 서예를 배웁니다.　　　　　　　　　(　　　)
- **漢字**글자자를 알면 단어의 속뜻을 이해할 수 있어요.　　(　　　)

어제의 복습 한자를 따라 쓰고, 빈칸에 알맞은 훈(뜻)이나 음(소리)을 적어요.

話 말씀 [　]　　家 집 [　]

記 기록할 [　]　　不 아닐 [　]

Part 4

7급 한자
50자를
익혀요

day 21	口 입 구	面 낯 면	心 마음 심	色 빛 색	主 주인/임금 주
day 22	天 하늘 천	地 땅 지	川 내 천	夕 저녁 석	同 한가지 동
day 23	春 봄 춘	夏 여름 하	秋 가을 추	冬 겨울 동	重 무거울 중
day 24	休 쉴 휴	林 수풀 림	出 날 출	入 들 입	命 목숨 명
day 25	花 꽃 화	草 풀 초	植 심을 식	村 마을 촌	夫 남편 부
day 26	老 늙을 로	少 적을 소	祖 할아버지 조	有 있을 유	來 올 래
day 27	文 글월 문	字 글자 자	語 말씀 어	便 편할편/똥오줌변	紙 종이 지
day 28	百 일백 백	千 일천 천	數 셈 수	算 셈 산	問 물을 문
day 29	住 살 주	所 바 소	邑 고을 읍	里 마을 리	洞 골 동
day 30	育 기를 육	登 오를 등	歌 노래 가	旗 기 기	然 그럴 연

1단계 그림을 보면서 한자의 훈음을 소리 내어 읽어요.

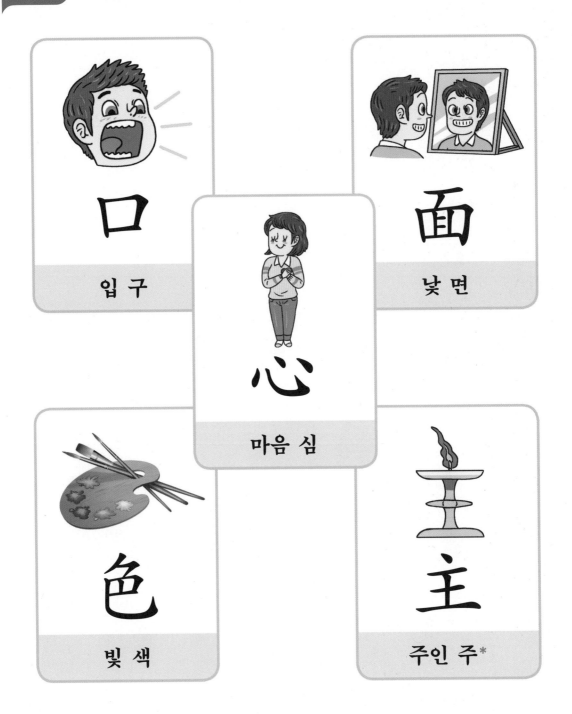

口
입 구

面
낯 면

心
마음 심

色
빛 색

主
주인 주*

＊ 主는 임금 왕(王)에 ﹅(점 주) 자가 더해졌는데, 원래는 촛대 모양을 본뜬 거예요.

한자를 획 순서에 맞게 쓰고, 마지막 칸에는 훈음을 써요.

	(총 3획) 丨 冂 口				
口 입 구 사람의 입 모양을 간략하게 본뜬 글자예요.	口	口	口	口	입 구

■ 한자 어휘   한집에 살면서 식사를 함께하는 사람 **食口(식구)**   나가는 곳 **出口(출구)**

	(총 9획) 一 丆 冂 而 而 面 面 面 面				
面 낯 면 얼굴을 본뜬 한자로 얼굴, 겉모습을 뜻해요.	面	面	面	面	낯 면

■ 한자 어휘   똑바로 마주 보이는 면 **正面(정면)**   땅바닥 **地面(지면)**

	(총 4획) 丶 心 心 心				
心 마음 심 사람의 심장을 본떠서 마음, 중심을 뜻해요.	心	心	心	心	마음 심

■ 한자 어휘   사람의 마음 **人心(인심)**   마음과 몸 **心身(심신)**

色 빛 색	(총 6획) ノ ク ク 台 伯 色				
	色	色	色	色	빛 색
색깔, 얼굴빛 등을 뜻하는 글자예요.					

■ 한자 어휘　파란색 **靑色(청색)**　본래의 빛깔이나 생김새 **本色(본색)**

主 주인 주 임금 주	(총 5획) ` ⼇ ⼇ ㆍ ㆍ 主				
	主	主	主	主	주인 주 임금 주
위에 점이 없으면 임금 왕(王)이 돼요.					

■ 한자 어휘　물건을 소유한 사람 **主人(주인)**　문장의 주인이 되는 말 **主語(주어)**

알아두기 얼굴 관련 한자를 읽어 보아요.

- 頭 머리 두
- 鼻 코 비
- 口 입 구
- 眼 눈 안
- 耳 귀 이
- 面 낯 면

1. 밑줄 친 글자의 음이나 뜻에 맞는 한자를 찾아 번호를 적어요.

★ 보기   ① 面   ② 主   ③ 心   ④ 口   ⑤ 色

- 자기**주**장에는 마땅한 근거가 있어야 하잖아요.   (②)
- 무지개의 **색** 종류는 나라에 따라 달라요.   (   )
- 그는 아마도 **마음**이 착한 사람일 거예요.   (   )
- 소화 과정은 **입**부터 시작되니까 잘 씹어야 해요.   (   )
- 태양의 표**면** 온도는 6천도 정도라고 해요.   (   )

2. 밑줄 친 한자 단어의 음(音)을 괄호에 적어요.

- 우리집 **食口**는 모두 네 명입니다.   (식구)
- 바닷가에서 보는 일출 **場面**은 늘 설레요.   (   )
- 민주 국가의 **主人**은 바로 국민입니다.   (   )
- **中心**을 잘 맞춰야 한쪽으로 기울지 않아요.   (   )

어제의 복습 한자를 따라 쓰고, 빈칸에 알맞은 훈(뜻)이나 음(소리)을 적어요.

| 午 | [ ] 오 | 物 | 물건 [ ] |
| 活 | 살 [ ] | 漢 | 한수 한나라 [ ] |

1단계 그림을 보면서 한자의 훈음을 소리 내어 읽어요.

天 하늘 천

地 땅 지

川 내 천

夕 저녁 석

同 한가지 동

한자를 획 순서에 맞게 쓰고, 마지막 칸에는 훈음을 써요.

天 하늘 천 사람(人) 머리 위의 하늘을 본뜬 글자예요.	(총 4획) 一 二 于 天
	天 · 天 · 天 · 天 · 하늘 천

■ **한자 어휘** 하늘 아래 온 세상 **天下(천하)** 죽은 후에 간다는 이상 세계 **天國(천국)**

地 땅 지 앞에 흙 토(土)가 붙어서 땅, 장소를 뜻해요.	(총 6획) 一 十 土 圵 圳 地
	地 · 地 · 地 · 地 · 땅 지

■ **한자 어휘** 하늘과 땅 **天地(천지)** 인류가 사는 천체 **地求(지구)**

川 내 천 시냇물이 구불구불 흐르는 모양을 본떴어요.	(총 3획) 丿 川 川
	川 · 川 · 川 · 川 · 내 천

■ **한자 어휘** 산과 내 **山川(산천)** 강과 내 **河川(하천)**

107

夕 저녁 석	(총 3획) ノ ク タ				
	夕	夕	夕	夕	저녁 석
초승달 모양을 본떠서 저녁을 나타냈어요.					

■ **한자 어휘**   저녁때의 햇빛 **夕陽(석양)**   아침저녁 **朝夕(조석)**

同 한가지 동	(총 6획) 丨 冂 冂 同 同 同				
	同	同	同	同	한가지 동
입(口)으로 모두 동일하게 말하 는 모양이예요.					

■ **한자 어휘**   어떤 것과 비교하여 똑같음 **同一(동일)**   이름이 같음 **同名(동명)**

알아두기   川(내 천)과 江(강 강)은 어떻게 다를까요?

川과 江을 나누는 것은 물줄기의 크기예요. 川은 작은 물줄기이고 江은 큰 물줄기를 뜻하는 데, 여기에 명확한 기준이 있는 것은 아니에요. 가랑비와 장대비를 나누는 정확한 기준이 없 듯이 사람들이 흔히 느끼는 바에 따라 川, 또는 江으로 명칭이 굳어진 거예요.

하늘에서 비(雨 : 비 우)가 내려 川이 되고, 이후 江으로 몸집을 불려서 바다(海)로 흘러든다고 이해하면 될 거 같아요. 덧붙여 강이 막혀 한곳에 머물면 湖(호수 호)라고 하고, 태평양처럼 큰 바다는 洋(큰 바다 양)이라는 한자를 써요.

1. 밑줄 친 글자의 음이나 뜻에 맞는 한자를 찾아 번호를 적어요.

★ 보기 ① 夕 ② 地 ③ 同 ④ 川 ⑤ 天

- 조선 시대에도 세계 **지**도가 있었어요. (   )
- 공**동**생활에서는 규칙을 지키는 게 중요해요. (   )
- 생일 **저녁**에는 친구들과 축하 파티를 했습니다. (   )
- 집 앞에는 작은 하**천**이 흐릅니다. (   )
- 카시오페아는 북쪽 **하늘**의 별자리예요. (   )

2. 밑줄 친 한자 단어의 음(音)을 괄호에 적어요.

- 그는 학자인 **同時**에 사업가였습니다. (   )
- 여기 **土地**는 농사를 짓기에 딱 알맞아요. (   )
- 오늘은 씨름 **天下**장사 경기가 열립니다. (   )
- 행정 구역은 주로 **山川**을 경계로 나뉘어요. (   )

어제의 복습 한자를 따라 쓰고, 빈칸에 알맞은 훈(뜻)이나 음(소리)을 적어요.

心		심	面		낮
色	빛		主	주인 임금	

1단계 그림을 보면서 한자의 훈음을 소리 내어 읽어요.

春
봄 춘

夏
여름 하

秋
가을 추

冬
겨울 동

重
무거울 중

春 봄 춘 햇살(日)에 풀이 돋아나는 모양을 본떴어요.	(총 9획) 一 二 三 丰 夫 表 春 春 春				
	春	春	春	春	봄 춘

■ 한자 어휘   인생의 푸른 시절 **靑春(청춘)**   24절기에서 봄이 시작되는 때 **立春(입춘)**

夏 여름 하 여름 제사 때 춤 추는 모습을 본 떴다고 해요.	(총 10획) 一 丁 丆 币 百 百 頁 夏 夏 夏				
	夏	夏	夏	夏	여름 하

■ 한자 어휘   여름에 입는 옷 **夏服(하복)**   24절기에서 낮이 가장 긴 날 **夏至(하지)**

秋 가을 추 벼 화(禾)와 불 화 (火)로 곡식이 익는 모양을 본떴어요.	(총 9획) 一 二 千 禾 禾 利 秒 秋				
	秋	秋	秋	秋	가을 추

■ 한자 어휘   음력 팔월 보름날 **秋夕(추석)**   가을에 곡식을 거두는 일 **秋收(추수)**

(총 5획) ノ ク 夂 冬 冬				
冬	冬	冬	冬	겨울 동

冬
겨울 동

아래에 冫(얼음
빙)이 붙어서 겨
울을 뜻해요.

■ 한자 어휘   겨울철 **冬季(동계)**   겨울잠을 자는 일 **冬眠(동면)**

(총 9획) 一 二 千 千 斤 盲 盲 重 重				
重	重	重	重	무거울 중

重
무거울 중

사람이 자루를
지고 있는 모습
을 본떴어요.

■ 한자 어휘   물체가 지구로부터 받는 힘 **重力(중력)**   귀중하고 요긴함 **重要(중요)**

알아두기 음은 같은데 훈(뜻)이 다른 한자를 써 보아요.

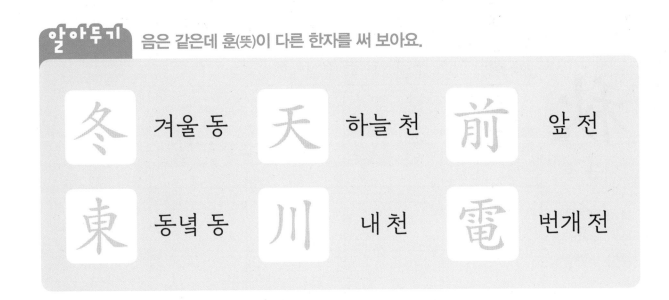

冬	겨울 동	天	하늘 천	前	앞 전
東	동녘 동	川	내 천	電	번개 전

1. 밑줄 친 글자의 음이나 뜻에 맞는 한자를 찾아 번호를 적어요.

★ 보기 ① 秋 ② 春 ③ 重 ④ 夏 ⑤ 冬

- 전라도 내장산은 **가을** 단풍으로 유명해요.　　　　　　　（　　　）
- 24절기 중 **춘**분에는 낮과 밤의 길이가 같아요.　　　　（　　　）
- 일주일만 기다리면 **겨울** 방학이 시작됩니다.　　　　　（　　　）
- 우리나라는 춘**하**추동의 사계절이 분명해요.　　　　　（　　　）
- 지렛대는 **무거운** 물건을 들어올릴 때 써요.　　　　　　（　　　）

2. 밑줄 친 한자 단어의 음(音)을 괄호에 적어요.

- 나이가 들었어도 마음은 **靑春**이었다고 해요.　　　　　（　　　）
- 지구가 물체를 끌어당기는 힘이 **重力**이에요.　　　　　（　　　）
- 송편은 **秋夕**의 대표적인 음식입니다.　　　　　　　　（　　　）
- 2018년에는 평창 **冬季**^{계절계} 올림픽이 개최되었어요.　（　　　）

어제의 복습 한자를 따라 쓰고, 빈칸에 알맞은 훈(뜻)이나 음(소리)을 적어요.

| 天 | 하늘 □ | 地 | □ 지 |
| 夕 | 저녁 □ | 同 | 한가지 □ |

1단계 그림을 보면서 한자의 훈음을 소리 내어 읽어요.

休
쉴 휴

林
수풀 림

出
날 출

入
들 입

命
목숨 명*

＊ 命은 원래 '명령'을 뜻했는데, 임금의 명령은 목숨과도 같아서 '목숨'으로도 쓰게 됐어요.

한자를 획 순서에 맞게 쓰고, 마지막 칸에는 훈음을 써요.

休 쉴 휴 사람(人)이 나무 (木) 옆에서 쉬는 모습이에요.	(총 6획) ノ イ 亻 什 什 休				
	休	休	休	休	쉴 휴

■ 한자 어휘   쉬는 날 **休日(휴일)**   일정한 기간 동안 쉬는 일 **休暇(휴가)**

林 수풀 림 나무가 두 그루 있는 모양으로 숲을 뜻해요.	(총 8획) 一 十 十 才 木 朴 材 林				
	林	林	林	林	수풀 림

■ 한자 어휘   산에 있는 숲 **山林(산림)**   나무가 빽빽한 숲 **密林(밀림)**

出 날 출 발이 입구를 벗 어나는 모습을 본뜬 글자예요.	(총 5획) 丨 屮 屮 出 出				
	出	出	出	出	날 출

■ 한자 어휘   나갈 수 있는 통로 **出口(출구)**   세상에 태어남 **出生(출생)**

入 들 입	(총 2획) ノ 入				
	入	入	入	入	들입
사람 인(人)과는 올라타는 획이 반대예요.					

■ **한자 어휘**　　어느 곳을 드나듦 **出入(출입)**　　장내로 들어가는 것 **入場(입장)**

命 목숨 명	(총 8획) ノ 𠆢 𠆢 亼 亼 伞 命 命				
	命	命	命	命	목숨 명
명령 령(令)과 입 구(口)를 합친 글 자예요.					

■ **한자 어휘**　　생물로서 살아 있는 힘 **生命(생명)**　　아랫사람에게 무엇을 하게 함 **命令(명령)**

알아두기　똑같은 글자로 만들어진 한자를 써 보아요.

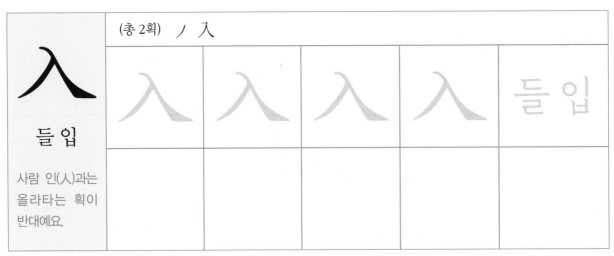

夕	저녁 석	火	불 화	林	수풀 림
多	많을 다	炎	불꽃 염	森	빽빽할 삼

116

1. 밑줄 친 글자의 음이나 뜻에 맞는 한자를 찾아 번호를 적어요.

★ 보기 ① 林 ② 命 ③ 休 ④ 出 ⑤ 入

- 공원의 잔디밭에는 **출**입 금지 표지가 있습니다.   (   )
- 그는 가까스로 **목숨**을 건질 수 있었습니다.   (   )
- 교실 **입**구에는 화분이 놓여 있었습니다.   (   )
- 이 산길은 **수풀**이 무성해서 오르기 힘들어요.   (   )
- 고속도로 **휴**게소는 사람들로 만원이었습니다.   (   )

2. 밑줄 친 한자 단어의 음(音)을 괄호에 적어요.

- 아무쪼록 **人命** 피해가 없기를 바랍니다.   (   )
- 불을 끄기 위해 소방차들이 **出動**했습니다.   (   )
- 우리 박물관은 **休日**에도 쉬지 않습니다.   (   )
- 내년에는 동생도 초등학교에 **入學**해요.   (   )

어제의 복습 한자를 따라 쓰고, 빈칸에 알맞은 훈(뜻)이나 음(소리)을 적어요.

| 春 | □ 춘 | 夏 | 여름 □ |
| 秋 | 가을 □ | 冬 | 겨울 □ |

1단계 그림을 보면서 한자의 훈음을 소리 내어 읽어요.

花 꽃 화

草 풀 초

植 심을 식

村 마을 촌

夫 남편 부

花 꽃 화	(총 8획) 一 十 十 艹 艹 花 花 花				
풀 초(艹 = 艸)와 될 화(化)를 합친 글자예요.	花	花	花	花	꽃 화

■ **한자 어휘** 꽃이 핌 **開花(개화)** 꽃이 피는 풀 등의 관상용 식물 **花草(화초)**

草 풀 초	(총 10획) 一 十 艹 艹 艹 芦 苩 苩 苜 草				
원래 풀은 艸로 썼는데, 이 글자로 바뀌었어요.	草	草	草	草	풀 초

■ **한자 어휘** 풀과 나무 **草木(초목)** 풀이 난 들판 **草原(초원)**

植 심을 식	(총 12획) 一 十 才 木 朾 朾 柠 柿 柿 柿 植 植				
나무(木)를 곧게 (直) 세우는 것을 뜻해요.	植	植	植	植	심을 식

■ **한자 어휘** 나무를 심기로 정한 날 **植木日(식목일)** 옮겨 심음 **移植(이식)**

村	(총 7획) 一 十 扌 木 村 村 村				
마을 촌	村	村	村	村	마을 촌
나무 목(木)과 마디 촌(寸)을 합쳤어요.					

■ 한자 어휘   산속에 있는 마을 **山村(산촌)**   주로 농업에 종사하는 지역 **農村(농촌)**

夫	(총 4획) 一 二 丰 夫				
남편 부	夫	夫	夫	夫	남편 부
큰 대(大)와 한 일(一)을 합친 모양의 글자예요.					

■ 한자 어휘   남의 아내를 높여 부르는 말 **夫人(부인)**   학문을 배우고 익힘 **工夫(공부)**

알아두기 공부의 한자는 왜 工夫일까요?

공부(工夫)의 한자는 장인 공(工)과 남편 부(夫)인데, 뭔가를 만드는 장인(工)과 사내, 남편을 뜻하는 夫가 우리가 알고 있는 공부와 어떤 관계가 있을까요?

원래 工은 무엇을 정교하게 만드는 솜씨를 뜻하는 글자였어요. 그리고 夫는 성인식을 치른 사내를 뜻했고요. 이로써 풀이하자면 어엿한 어른이 되기 위한 기술, 또는 그것을 익히는 노력을 '공부'의 원래 뜻으로 이해할 수 있어요. 그러던 것이 우리나라에서는 '학문과 기술을 배우고 익힌다'는 뜻으로 쓰게 된 거예요. 현재 중국에서는 功夫(공부)라는 단어를 노력, 무술(쿵푸)의 뜻으로 쓰고 있고요.

1. 밑줄 친 글자의 음이나 뜻에 맞는 한자를 찾아 번호를 적어요.

★ 보기 ① 植 ② 草 ③ 夫 ④ 花 ⑤ 村

- 식탁을 생**화**로 장식했더니 더욱 예쁘네요. ( )
- 바람이 세게 불어도 **풀**은 꺾이지 않아요. ( )
- 이번 **식**목일에는 무궁화 세 그루를 심었습니다. ( )
- 대장**부**라면 반드시 약속을 지킬 거예요. ( )
- 한옥 **마을**에 가면 전통문화를 체험할 수 있어요. ( )

2. 밑줄 친 한자 단어의 음(音)을 괄호에 적어요.

- 코뿔소는 기린과 마찬가지로 **草食** 동물입니다. ( )
- 한국은 무궁화, 영국은 장미가 **國花**입니다. ( )
- 바닷속 산호는 **植物**이 아니라 동물입니다. ( )
- **農夫**에게 땅은 생명처럼 소중해요. ( )

어제의 복습 한자를 따라 쓰고, 빈칸에 알맞은 훈(뜻)이나 음(소리)을 적어요.

休	☐	휴	命	목숨	☐
出	날	☐	入	☐	입

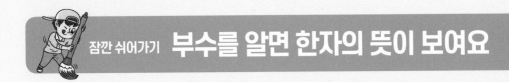

부수(部首)는 수많은 한자를 체계적으로 분류하기 위해 여러 한자에 공통적으로 들어가는 214 개의 대표 글자를 정해 놓은 거예요.(部 : 떼 부, 首 : 머리 수)

예를 들어 나무 목(木) 부수는 '나무 목'이 들어가는 여러 한자를 대표해요. 앞에서 배운 수풀 림(林), 마을 촌(村), 학교 교(校)는 앞에 전부 木이 붙었지요? 이들 글자의 부수는 '木(나무 목)'인 거예요. 한자 사전은 먼저 이들 부수로 분류하고, 그다음에 부수를 제외한 획수를 따져 한자들 을 정리해요. 그러니까 村이라는 글자를 몰라서 사전을 찾을 때는 나무 목(木) 부수 항목에서 3 획(寸)인 부분을 찾으면 돼요. 이렇게 하면 수많은 한자를 잘 분류할 수 있겠죠!

木 부수인 한자들 ⇒ **林** 수풀 림, **村** 마을 촌, **校** 학교 교, **材** 재목 재

柱 기둥 주, **東** 동녘 동, **本** 근본 본, **松** 소나무 송

한자 부수는 당장에 모두 외우기보다는, 부수의 개념과 자주 쓰이는 부수를 중심으로 이해 하면 돼요. 그리고 한자의 분류 외에도 부수가 중요한 이유는 또 있어요.

바로 부수가 한자의 핵심 의미를 나타낸다는 거예요. 앞에서 木 부수가 들어간 한자들은 글 자가 처음 만들어질 때 대개 나무(木)와 관련한 뜻을 가지고 있었어요. 그런데 林(수풀 림)이나 材 (재목 재) 같은 한자 말고 本(근본 본)이 '나무(木)'와 무슨 관계였을까요? 이 한자는 나무뿌리 모양 을 본떠서 '뿌리, 근원, 근본'을 뜻하게 된 글자예요.

水(물 수)도 흔히 쓰이는 부수예요. 이 부수는 모양을 바꾸어 氵으로 적기도 해요. 다시 말해

氵=水(물 수)로 이해하면 되고, '삼수변'으로 부른다고 앞에서 설명했어요.(68쪽)

水(물 수) 부수가 들어간 글자는 당연히 물과 관계 있어요.

水(=氵) **부수인 한자들** ⇒ 江 강 강, 海 바다 해, 湖 호수 호, 氷 얼음 빙
河 물 하, 汗 땀 한, 漁 고기 잡을 어 ……

이처럼 부수는 그 한자의 속뜻을 포함하고 있어서 한자를 이해하는 데 도움이 돼요.

한자에서 사물의 모양을 본떠 만든 글자(상형 문자)는 몇백 개 정도로 아주 적은 수이고, 대다수 한자는 두 글자를 합치면서 한쪽은 뜻, 한쪽은 소리를 나타내는 방식으로 새로운 글자를 만들었어요.(형성 문자) 형성 문자에서는 부수가 뜻, 나머지 부분이 소리를 담당하니까 부수를 알고 있으면 한자의 뜻을 조금은 짐작할 수 있어요.(형성 문자의 설명은 83쪽)

그런데 木, 水 같은 글자의 부수는 뭘까요? 이들 한자는 글자 자체가 부수예요. 그래서 '제부수'라고 불러요.(諸 : 모두 제) 제부수가 아닌 일반 부수, 이를 테면 ⺿(풀 초), 冫(얼음 빙) 등은 독립적인 글자로 사용되는 일 없이 부수로만 쓰이고요.

8급 한자에 나오는 제부수 한자는 아래와 같아요. 아마 거의 아는 한자일 거예요!

一 二 八 十 日 月 火 水
木 金 土 父 女 人 寸 青
白 山 大 小 長 生 門

8급 한자에 나오는 제부수 한자들

1단계 그림을 보면서 한자의 훈음을 소리 내어 읽어요.

老 늙을 로(노)

少 적을 소*

祖 할아버지 조

有 있을 유

來 올 래(내)

* 少(적을 소)는 숫자나 양, 小(작을 소)는 크기를 뜻해요.
　따라서 少의 반대말은 多(많을 다), 小의 반대말은 大(큰 대)

한자를 획 순서에 맞게 쓰고, 마지막 칸에는 훈음을 써요.

老 늙을 로(노) 지팡이를 짚고 있는 노인을 본뜬 글자예요.	(총 6획) 一 十 土 耂 耂 老				
	老	老	老	老	늙을 로

■ 한자 어휘   나이가 들어 늙은 사람 **老人(노인)**   노인을 공경함 **敬老(경로)**

少 적을 소 수나 양이 적음, 또는 나이가 젊음을 뜻해요.	(총 4획) 丿 小 小 少				
	少	少	少	少	적을 소

■ 한자 어휘   적은 분량 **少量(소량)**   어린 사내아이 **少年(소년)**

祖 할아버지 조 무덤 앞 비석(且)을 본떠 할아버지, 조상을 뜻해요.	(총 10획) 一 二 亍 亓 示 示 和 和 祖 祖				
	祖	祖	祖	祖	할아버지 조

■ 한자 어휘   할아버지 **祖父(조부)**   부모님 위로 대대의 어른 **祖上(조상)**

有 있을 유	(총 6획) ﾉ ﾅ ﾅ 冇 有 有				있을 유
사람 손에 고기를 가진 모양을 본뜬 글자예요.					

■ 한자 어휘　가지고 있음 **所有(소유)**　이름이 널리 알려짐 **有名(유명)**

來 올 래	(총 8획) 一 ﾅ ﾅ ﾅ ﾇ 來 來 來				올 래
원래 '보리'를 뜻했는데, '오다'로 바뀌었어요.					

■ 한자 어휘　올해의 바로 다음 해 **來年(내년)**　외국인이 한국에 옴 **來韓(내한)**

알아두기　두음법칙이 적용되는 경우를 다시 알아보아요.

앞(42쪽)에서 두음법칙에 대해 알아봤지요? 오늘 공부한 늙을 로(老), 올 래(來) 자도 마찬가지 예요. 이들 글자가 단어의 첫머리에 오면 각각 '노', '내'로 읽어요.

• **老**(늙을 로/ 첫소리에 오면 노) : 경로(敬老) - 노인(老人)
• **來**(올 래/ 첫소리에 오면 내) : 거래(去來) - 내년(來年)

1. 밑줄 친 글자의 음이나 뜻에 맞는 한자를 찾아 번호를 적어요.

★ 보기　①祖　②少　③老　④來　⑤有

- 먼저 제품의 이상 **유**무를 보고 판단하세요.　　　　　(　　　)
- 기부금을 모아서 **노**인 병원을 세웠다고 해요.　　　　(　　　)
- 이 게임은 인원수가 **적은** 쪽이 유리해요.　　　　　　(　　　)
- 당장 **내**일이면 방학이 끝나요.　　　　　　　　　　　(　　　)
- 사진 속 **할아버지**는 자상해 보였습니다.　　　　　　　(　　　)

2. 밑줄 친 한자 단어의 음(音)을 괄호에 적어요.

- 그는 세계적으로 **有名**한 화가가 되었습니다.　　　　　(　　　)
- 차례는 **祖上**께 예를 갖추어 섬기는 일이에요.　　　　　(　　　)
- 그 **少女**는 집을 보다가 잠이 들었습니다.　　　　　　　(　　　)
- 이마의 주름살은 **老化**^{될화} 현상의 하나입니다.　　　(　　　)

어제의 복습 한자를 따라 쓰고, 빈칸에 알맞은 훈(뜻)이나 음(소리)을 적어요.

花	꽃	☐	草	☐	초
植	심을	☐	村	마을	☐

1단계 그림을 보면서 한자의 훈음을 소리 내어 읽어요.

文
글월 문*

字
글자 자

語
말씀 어

便
편할 편/똥오줌 변

紙
종이 지

＊ '글월'은 글자나 문장을 뜻해요.

128

文 글월 문

(총 4획) ㅇ ㅗ ㅗ 文

| 文 | 文 | 文 | 文 | 글월 문 |

글, 문양을 몸에 새긴 사람을 본 뜬 글자예요.

■ 한자 어휘   글로 표현하는 예술 **文學(문학)**   글을 짓는 일 **作文(작문)**

字 글자 자

(총 6획) ㅇ ㅇ ㅈ 宀 宀 字 字

| 字 | 字 | 字 | 字 | 글자 자 |

집(宀)에서 자식 (子)을 가르치는 모습을 본떴어요.

■ 한자 어휘   생각이나 지식을 적는 도구 **文字(문자)**   한자로 만든 말 **漢字語(한자어)**

語 말씀 어

(총 14획) 言 言 言 言 言 言 語 語 語 語 語 語

| 語 | 語 | 語 | 語 | 말씀 어 |

말씀 언(言)과 나 오(吾)를 합친 글 자예요.

■ 한자 어휘   말과 글자 등의 사회 체계 **言語(언어)**   한 나라의 국민이 쓰는 말 **國語(국어)**

便	(총 9획) ノ 亻 亻 仟 仵 佢 佢 伊 便				
편할 편 똥오줌 변	便	便	便	便	편할 편
편과 변, 두 음으로 읽혀요.					

■ 한자 어휘　　편하고 걱정 없이 좋음 **便安(편안)**　　똥을 뜻하는 한자어 **大便(대변)**

紙	(총 10획) ＜ ＜ ＜ ＜ ＜ 糸 糸 紅 紙 紙				
종이 지	紙	紙	紙	紙	종이 지
실(糸)로 만든 재료에 글을 쓴 데서 유래해요.					

■ 한자 어휘　　흰 종이 **白紙(백지)**　　소식이나 용건을 적어 보내는 글 **便紙(편지)**

알아두기　便(편할 편) 자가 똥오줌을 뜻하는 이유는?

便은 '편할 편' 외에 '똥오줌 변'으로도 쓰이는 한자예요. 도대체 편하다는 것과 똥오줌이 무슨 관계가 있기 때문일까요?

便은 人(사람 인)과 更(고칠 경)을 합친 글자예요. 사람이 불편한 뭔가를 고치는 모습을 본떴는데, 여기서 불편한 뭔가란 대소변을 뜻해요. 이렇듯 便 자는 처음에는 '똥오줌'을 뜻하다가, 대소변을 보고 나면 몸과 마음이 편안해지기 때문에 '편하다'는 뜻도 갖게 됐어요.

1. 밑줄 친 글자의 음이나 뜻에 맞는 한자를 찾아 번호를 적어요.

★ 보기   ① 文   ② 語   ③ 紙   ④ 字   ⑤ 便

- 동물과는 달리 인간 사회는 언**어**를 가졌어요.　　　　　(　　　)
- 아저씨는 대학에서 프랑스 **문**학을 공부하셨어요.　　　(　　　)
- 우리가 쓰는 **종이**는 나무로 만들어요.　　　　　　　　(　　　)
- 그 부족은 자기네 말은 있어도 **글자**는 없어요.　　　　(　　　)
- 골목 끝에 있는 **편**의점 앞에서 기다릴게요.　　　　　(　　　)

2. 밑줄 친 한자 단어의 음(音)을 괄호에 적어요.

- **漢字**는 글자마다 뜻이 다른 뜻글자예요.　　　　　　　(　　　)
- 나는 **文學**보다 수학이 더 재미있습니다.　　　　　　　(　　　)
- 마음이 **便安**해야 공부도 잘되는 법이에요.　　　　　　(　　　)
- **外國語** 공부는 소리 내어 말하는 게 중요해요.　　　　(　　　)

어제의 복습 한자를 따라 쓰고, 빈칸에 알맞은 훈(뜻)이나 음(소리)을 적어요.

| 老 | 늙을 [　] | 少 | [　] 소 |
| 有 | 있을 [　] | 來 | 올 [　] |

1단계 그림을 보면서 한자의 훈음을 소리 내어 읽어요.

百 일백 백

千 일천 천

數 셈 수

算 셈 산*

問 물을 문

* 대나무(竹 : 대 죽)를 가지고 셈한 데서 '셈하다'를 뜻해요.

한자를 획 순서에 맞게 쓰고, 마지막 칸에는 훈음을 써요.

百 일백 백 흰 백(白) 위에 한 일(一)이 있는 모양이에요.	(총 6획) 一 丆 丆 丙 百 百				일백 백
	百	百	百	百	

■ 한자 어휘   일만의 백 배 **百萬(백만)**   대규모 종합 소매점 **百貨店(백화점)**

千 일천 천 사람 인(人)에 가로선을 그어 천을 나타냈어요.	(총 3획) 一 二 千				일천 천
	千	千	千	千	

■ 한자 어휘   우리나라를 비유해 이르는 말 **三千里江山(삼천리강산)**

數 셈 수 막대기를 들고 셈한 데서 '세다'를 뜻해요.	(총 15획) 丨 冂 冂 严 严 甼 甼 曲 婁 婁 婁 婁 數 數				셈 수
	數	數	數	數	

■ 한자 어휘   수와 공간에 관해 연구하는 학문 **數學(수학)**   친척 사이의 관계 **寸數(촌수)**

算	(총 14획) ノ ト ヒ ビ 竹 竹 竺 笞 竺 笪 笪 箕 算 算				
셈 산	算	算	算	算	셈산
대나무를 뜻하는 죽(竹)이 부수인 글자예요.					

■ 한자 어휘　　셈의 기초를 가르치는 과목 **算數(산수)**　　수를 헤아림 **計算(계산)**

問	(총 11획) ｜ ｜ ｜ ｜ ｜ 門 門 門 門 問 問				
물을 문	問	問	問	問	물을 문
문(門)에 들어서면서 입(口)으로 묻는 모습이에요.					

■ 한자 어휘　　물음과 대답 **問答(문답)**　　해답을 요구하는 물음 **問題(문제)**

알아두기　모양이 비슷해서 헷갈리기 쉬운 한자를 써 보아요.

百	일백 백	問	물을 문	夕	저녁 석
白	흰 백	間	사이 간	冬	겨울 동

1. 밑줄 친 글자의 음이나 뜻에 맞는 한자를 찾아 번호를 적어요.

★ 보기 ① 千 ② 數 ③ 問 ④ 算 ⑤ 百

- 이 말은 하루에 **천** 리를 달린다는 천리마예요. (   )
- 간단한 계**산**은 머릿속으로 하는 게 더 편해요. (   )
- **백** 번 듣는 게 한 번 보는 것보다 못할 때도 있어요. (   )
- 답을 구하려면 **물음**을 정확하게 이해해야 돼요. (   )
- **수**학 공부의 시작은 바로 개념 이해입니다. (   )

2. 밑줄 친 한자 단어의 음(音)을 괄호에 적어요.

- 그 임금은 **百姓**을 진심으로 보살폈습니다. (   )
- 궁금한 사항은 **問答** 시간에 물어보세요. (   )
- **少數**의 사람만이 그의 의견에 찬성했습니다. (   )
- 은행나무는 **千年** 넘게 살 수 있어요. (   )

어제의 복습 한자를 따라 쓰고, 빈칸에 알맞은 훈(뜻)이나 음(소리)을 적어요.

文 글월 [ ]   字 [ ] 자

語 말씀 [ ]   紙 종이 [ ]

1단계 그림을 보면서 한자의 훈음을 소리 내어 읽어요.

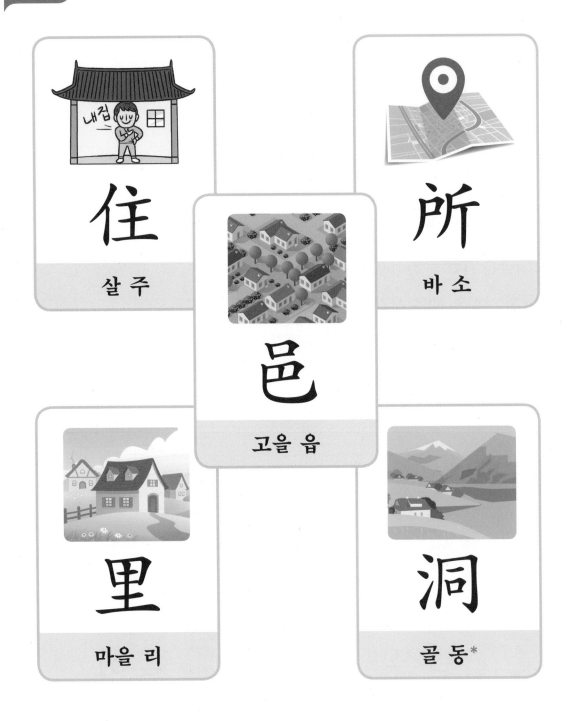

住 살 주

所 바 소

邑 고을 읍

里 마을 리

洞 골 동*

* '골'은 골짜기, 고을을 뜻해요.

住 살 주 사람(人)이 주인(主)으로 산다는 뜻이에요.	(총 7획) ノ イ イ 亻 亻 住 住				
	住	住	住	住	살 주

■ 한자 어휘　　일정한 지역에 사는 사람 **住民(주민)**　사람이 사는 집 **住宅(주택)**

所 바 소 '곳, ~하는 바, 것' 등의 뜻으로 쓰여요.	(총 8획) ヽ 丆 丆 戶 戶 所 所 所				
	所	所	所	所	바 소

■ 한자 어휘　　어떤 일이 일어나는 곳 **場所(장소)**　가지고 있음 **所有(소유)**

邑 고을 읍 둘러싸인 곳(口)에 사는 모습을 본뜬 글자예요.	(총 7획) 丨 冂 冃 뮤 뮤 뮙 邑				
	邑	邑	邑	邑	고을 읍

■ 한자 어휘　　읍의 구역 안 **邑內(읍내)**　나라의 정부가 있는 곳 **都邑(도읍)**

里 마을 리	(총 7획) ㅣ ㄇ ㅁ ㅃ ㅌ ㅌ 里 里				
	里	里	里	里	마을 리
밭 전(田)과 흙 토(土)로써 마을 을 뜻해요.					

■ 한자 어휘　　행정구역 '리'의 대표 **里長(이장)**　동과 리를 함께 부르는 말 **洞里(동리)**

洞 골 동	(총 9획) 丶 丶 冫 氵 沪 汩 洞 洞 洞				
	洞	洞	洞	洞	골동
물(氵) 옆에서 함 께(同) 산다는 것 을 뜻해요.					

■ 한자 어휘　　그 동에 사는 사람 **洞民(동민)**　동네 입구 **洞口(동구)**

알아두기 코카콜라를 한자로 어떻게 적을까요?

한글은 말하는 소리를 기호로 나타낸 글자이기 때문에 외국어를 어느 정도 비슷한 발음으로 적을 수 있어요. 하지만 뜻글자인 중국어는 소리 나는 대로 적기가 어려워요.

예를 들어 시원한 음료의 대표 격인 Coca Cola를 한글로는 '코카콜라'로 적으면 되는데, 중국어는 그나마 비슷한 可口可乐(커커우커러)로 적어요. 한글 발음과는 많이 차이 나지요? 다만 한자는 단어에 뜻을 담는 데 더 유리하다는 장점이 있어요. 可口可乐(커커우커러)라는 한자 단어는 '입에 맞고 즐기기에 좋다'라는 뜻이랍니다.

138

1. 밑줄 친 글자의 음이나 뜻에 맞는 한자를 찾아 번호를 적어요.

★ 보기 ① 洞 ② 所 ③ 邑 ④ 住 ⑤ 里

- 여기서 **읍**내로 나가는 버스를 타면 돼요.   (   )
- 주말에는 **동**민 체육 대회에 나갈 생각이에요.   (   )
- 지금 **사는** 곳은 학교에서 좀 멀어요.   (   )
- 이 정원은 개인 **소**유라서 아무나 못 들어가요.   (   )
- **마을** 입구에는 키가 큰 장승이 서 있습니다.   (   )

2. 밑줄 친 한자 단어의 음(音)을 괄호에 적어요.

- 강릉에는 경포대 같은 **名所**가 많이 있습니다.   (   )
- **洞口** 밖 과수원길 아카시아꽃이 활짝 폈네.   (   )
- 아마도 택배 **住所**를 잘못 적은 것 같아요.   (   )
- 모두가 그를 마을 **里長**으로 추천했습니다.   (   )

어제의 복습 한자를 따라 쓰고, 빈칸에 알맞은 훈(뜻)이나 음(소리)을 적어요.

| 百 | 일백 [ ] | 千 | 일천 [ ] |
| 算 | 셈 [ ] | 問 | 물을 [ ] |

1단계 그림을 보면서 한자의 훈음을 소리 내어 읽어요.

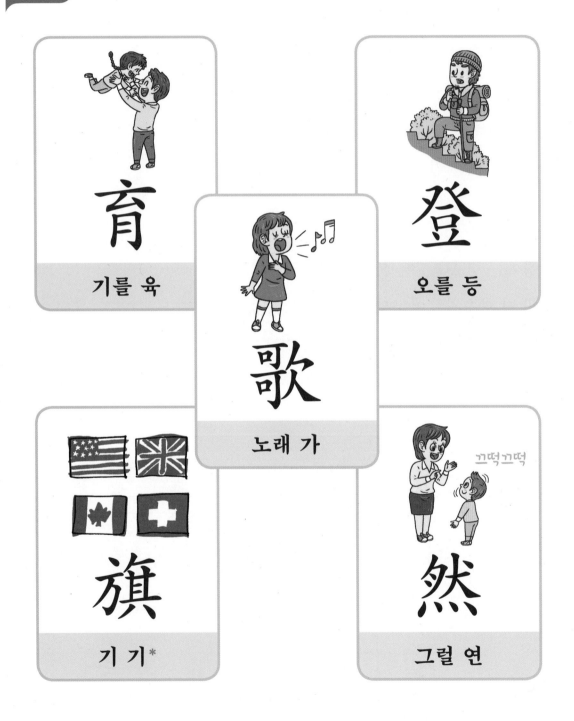

育
기를 육

登
오를 등

歌
노래 가

旗
기 기*

然
그럴 연

* 왼쪽 위부터 미국, 영국, 캐나다, 스위스 국기예요.

育
기를 육

(총 8획) ` 亠 亝 产 产 育 育 育

育	育	育	育	기를 육

갓난아이를 보살펴 기른다는 뜻의 글자예요.

■ 한자 어휘　지식을 가르치며 인격을 기름 **教育(교육)**　어린아이를 기름 **育兒(육아)**

登
오를 등

(총 12획) ㄱ ㄱ ㄗ ㄗˊ 癶 癶 癶 登 登 登 登

登	登	登	登	오를 등

음식을 들고 제단에 오르는 모습을 본떴어요.

■ 한자 어휘　산에 오름 **登山(등산)**　학교에 감 **登校(등교)**

歌
노래 가

(총 14획) 一 丆 冊 冊 冏 哥 哥 哥 哥 哥 歌ˊ 歌 歌

歌	歌	歌	歌	노래 가

노래 가(哥)에 나중에 하품 흠(欠)이 더해졌어요.

■ 한자 어휘　노래 부르기가 직업인 사람 **歌手(가수)**　나라를 대표하는 노래 **國歌(국가)**

141

旗 기 기	(총 14획) ` 一 宁 方 方 扩 扩 扩 扩 旗 旗 旗 旗 旗				
	旗	旗	旗	旗	기 기
모 방(方), 사람 인(人), 그 기(其)를 합쳤어요.					

■ 한자 어휘　　흰색 깃발 **白旗(백기)**　나라를 상징하는 기 **國旗(국기)**

然 그럴 연	(총 12획) ノ ク タ タ タ 夕 タ 妖 狀 然 然 然				
	然	然	然	然	그럴 연
'그러하다', '틀림이 없다'는 뜻을 가진 글자예요.					

■ 한자 어휘　　사람의 힘이 더해지지 않은 상태 **自然(자연)**　마땅히 그러함 **當然(당연)**

알아두기　당근, 당나귀, 당면의 공통점은 뭘까요?

단어 첫머리에 '당' 자가 붙었네요. 이 글자는 '당나라 당(唐)'으로 당나라는 고구려, 신라, 백제 시대에 있었던 중국의 왕조예요. 당시에는 당나라 물건을 최고로 여겼어요. 그래서 중국에서 건너온 좋은 것들에는 흔히 '당(唐)' 자를 붙였다고 해요.

홍당무를 뜻하는 당근(唐根)은 당나라에서 들여온 빨간 무, 당(唐)나귀는 당나라에서 온 나귀, 당면(唐麵)은 당나라의 면을 뜻해요. 양배추가 서양 배추, 양복이 서양식 옷인 것처럼 말이지요.

1. 밑줄 친 글자의 음이나 뜻에 맞는 한자를 찾아 번호를 적어요.

★ 보기 ① 旗 ② 歌 ③ 然 ④ 登 ⑤ 育

- 어렸을 때 토끼를 **기른** 경험이 있습니다.　　　　　　(　　　)
- 그 장면에서 주인공이 처음 **등**장해요.　　　　　　　(　　　)
- 이 **노래**는 왠지 마음을 편안하게 해 줘요.　　　　　(　　　)
- 자**연** 보호의 소중함을 빨리 깨달아야 해요.　　　　(　　　)
- 파란 하늘에 운동회 만국**기**가 내걸렸습니다.　　　　(　　　)

2. 밑줄 친 한자 단어의 음(音)을 괄호에 적어요.

- 겨울 철새인 두루미는 **天然**기념물입니다.　　　　　(　　　)
- 허리 운동으로는 **登山**이 좋아요.　　　　　　　　　(　　　)
- 전통문화 **教育**은 하루 동안 진행되었습니다.　　　　(　　　)
- 한국 **歌手**의 인기가 부쩍 높아졌어요.　　　　　　　(　　　)

어제의 복습 한자를 따라 쓰고, 빈칸에 알맞은 훈(뜻)이나 음(소리)을 적어요.

| 住 | 살 [　] | 所 | 바 [　] |
| 里 | [　] 리 | 洞 | 골 [　] |

옛날 사람들이 한자로 만들어 오늘날에도 많이 쓰이는 말을 성어(成語/ 成 : 이룰 성)라고 해요. 성어 중에서 유래가 있는 것은 고사성어(故事成語/ 故 : 옛 고), 네 글자로 이루어진 말은 사자성어(四字成語)라고 하지요. 글이나 대화에 자주 쓰는 것 몇 개만 알아보아요.

일석이조(一石二鳥) : 一한 일, 石돌 석, 二두 이, 鳥새 조

돌 하나를 던져 새 두 마리를 잡는다는 뜻으로, 어떤 하나의 일을 해서 동시에 두 가지 이득을 볼 때 주로 쓰는 표현이에요.

■ 예 : 공짜로 여행하면서 영어도 배우니까, **일석이조(一石二鳥)**네요!

풍전등화(風前燈火) : 風바람 풍, 前앞 전, 燈등불 등, 火불 화

바람 앞의 등불이라는 뜻으로, 매우 위태로운 상황을 나타내는 말이에요.

■ 예 : 나라의 운명이 **풍전등화(風前燈火)**인데, 가만히 있을 수는 없습니다.

죽마고우(竹馬故友) : 竹대 죽, 馬말 마, 故옛 고, 友벗 우

'죽마'는 대나무 말이고 고(故)는 '옛날, 예전의', 벗은 '친구'를 뜻해요. 어릴 때 대나무 말을 타고 함께 놀던 오랜 친구를 죽마고우라고 해요.

■ 예 : 철수는 초등학교 때부터 **죽마고우(竹馬故友)**예요.

연습 문제 및 한자능력시험 정답

■ **part 2**

day 01 - 일, 수, 화, 산 | ⑤, ①, ④, ②, ③　　**day 02** - 사, 오, 이, 삼 | ⑤, ①, ④, ③, ②

day 03 - 칠, 구, 육, 십 | ②, ⑤, ③, ④, ①　　**day 04** - 목, 금, 소, 토 | ②, ③, ⑤, ①, ④

day 05 - 부, 모, 형, 인 | ③, ⑤, ①, ④, ②　　**day 06** - 동, 중, 남, 북 | ②, ①, ⑤, ③, ④

day 07 - 왕, 청, 백, 연 | ⑤, ④, ③, ②, ①　　**day 08** - 생, 학, 선, 장 | ②, ⑤, ③, ①, ④

day 09 - 교, 촌, 문, 외 | ①, ②, ⑤, ③, ④　　**day 10** - 국, 한, 군, 민 | ④, ①, ⑤, ③, ②

■ **part 3**

day 11 - ②, ④, ⑤, ①, ③ | 상하, 내외, 하교, 우측　　**day 12** - ③, ⑤, ①, ②, ④ | 남녀, 수족, 세상, 자녀

day 13 - ⑤, ①, ④, ③, ② | 남해, 정직, 강산, 평행　　**day 14** - ⑤, ①, ③, ④, ② | 국력, 인공, 자동차, 동력

day 15 - ⑤, ②, ③, ①, ④ | 시민, 공장, 도장, 사방　　**day 16** - ②, ①, ④, ③, ⑤ | 정답, 안전, 성명, 효녀

day 17 - ①, ④, ③, ②, ⑤ | 인간, 전후, 시간, 공군　　**day 18** - ④, ③, ①, ②, ⑤ | 자립, 전자, 공사, 공기

day 19 - ③, ⑤, ②, ①, ④ | 국가, 전화, 기사, 부족　　**day 20** - ③, ④, ②, ⑤, ① | 매월, 생물, 활동, 한자

■ **part 4**

day 21 - ②, ⑤, ③, ④, ① | 식구, 장면, 주인, 중심　　**day 22** - ②, ③, ①, ④, ⑤ | 동시, 토지, 천하, 산천

day 23 - ①, ②, ⑤, ④, ③ | 청춘, 중력, 추석, 동계　　**day 24** - ④, ②, ⑤, ①, ③ | 인명, 출동, 휴일, 입학

day 25 - ④, ②, ①, ③, ⑤ | 초식, 국화, 식물, 농부　　**day 26** - ⑤, ③, ②, ④, ① | 유명, 조상, 소녀, 노화

day 27 - ②, ①, ③, ④, ⑤ | 한자, 문학, 편안, 외국어　　**day 28** - ①, ④, ⑤, ③, ② | 백성, 문답, 소수, 천년

day 29 - ③, ①, ④, ②, ⑤ | 명소, 동구, 주소, 이장　　**day 30** - ⑤, ④, ②, ③, ① | 천연, 등산, 교육, 가수

■ **한자능력시험 실전 테스트**

1. 학, 2. 교, 3. 삼, 4. 교, 5. 실,　　6. 서, 7. 선, 8. 생, 9. 부, 10. 모

11. ④, 12. ⑥, 13. ⑩, 14. ②, 15. ⑦,　　16. ⑧, 17. ①, 18. ③, 19. ⑤, 20. ⑨

21. ⑨, 22. ①, 23. ②, 24. ⑧, 25. ⑩,　　26. ③, 27. ⑤, 28. ⑦, 29. ④, 30. ⑥

31. 큰 대, 32. 푸를 청, 33. 남녘 남, 34. 여덟 팔, 35. 날 일,

36. 나라 국, 37. 마디 촌, 38. 열 십, 39. 군사 군, 40. 백성 민

41. ①, 42. ④, 43. ②, 44. ③, 45. ②,　　46. ③, 47. ④, 48. ①, 49. ③, 50. ⑥

한자능력검정시험 소개와 실전 테스트

1. 한자능력검정시험이란?

(사)한국어문회가 주관하고 한국한자능력검정회가 시행하는 한자 활용능력 시험으로, 교육급수(4급~8급)와 공인급수(특급~3급)로 나뉘어 일 년에 네 차례 치러집니다.

유치원생부터 어른까지 누구나 원하는 급수에 응시할 수 있는데, 원서의 접수나 시험 장소 등 자세한 정보는 한국어문회 홈페이지(www.hanja.re.kr)를 참고하면 됩니다.

2. 검정시험 급수는 어떻게 나뉘나요?

8급부터 특급까지 15단계로 구성되어 있습니다. 그중 7급 150자(8급 50자 포함)까지는 쓰기 문제가 없어서 훈음을 알면 충분히 문제를 풀 수 있습니다. 각 급수별 수준은 아래와 같습니다.

	급수	읽기	쓰기	특징
교육급수	8급	50	-	한자 학습 동기 부여를 위한 급수
	7급 II	100	-	한자 공부를 시작하는 이들을 위한 초급 단계
	7급	150	-	
	6급 II	225	50	한자 쓰기 문제가 나오는 첫 급수
	6급	300	150	초급 상용 한자를 활용하는 단계
	5급 II	400	225	중급 상용 한자 활용의 기초 단계
	5급	500	300	
	4급 II	750	400	중급 상용 한자 활용의 심화 단계
	4급	1,000	500	
공인급수	3급 II	1,500	750	고급 상용 한자를 활용하는 단계
	3급	1,817	1,000	
	2급	2,355	1,817	상용 한자 및 인명 지명용 기초 한자 활용 단계
	1급	3,500	2,005	국한혼용 고전을 불편 없이 읽고 공부하는 수준 초급
	특급 II	4,918	2,355	국한혼용 고전을 불편 없이 읽고 공부하는 수준 중급
	특급	5,978	3,500	국한혼용 고전을 불편 없이 읽고 공부하는 수준 고급

＊ 상위 급수는 하위 급수의 배정 한자 수를 모두 포함합니다.

3. 급수한자 8급과 7급에는 어떤 문제가 나오나요?

한자능력시험 8급은 50문제, 7급 Ⅱ는 60문제, 7급은 70문제가 출제되는데, 대다수가 한자의 뜻(훈)과 소리(음)를 묻는 문제입니다. 여기에 더해 한자 반의어, 한자어 뜻풀이, 필순 등이 두어 문제씩 포함되어 있습니다.

시험 시간은 50분이고, 전체 문제의 70퍼센트 이상을 맞히면 합격입니다. 8급은 50문제 중 35문제, 7급 Ⅱ는 60문제 중 42문제 이상을 맞히면 됩니다. 구체적인 문제 유형은 이렇습니다.

급수	총문항	합격	독음	훈음	반의어	완성형	뜻풀이	필순
8급	50	35	24	24	-	-	-	2
7급 Ⅱ	60	42	22	30	2	2	2	2
7급	70	49	32	30	2	2	2	2

* 문제 배분은 기본 지침으로서, 출제자의 의도에 따라 다를 수 있습니다.

4. 급수 시험 준비는 어떻게 해야 할까요?

세상의 모든 시험은 문제 유형이 있는데, 우선 응시 급수의 배정 한자를 모두 읽고 쓸 수 있어야 합니다. 그런 후에 해당 급수의 기출 문제를 통해 시험에 적응하는 연습이 필요합니다. 기출 문제는 시험 주관사 홈페이지나 인터넷에서 어렵지 않게 구할 수 있습니다.

초등학교 저학년이라면 기출 문제를 풀면서 답안지를 작성하는 연습도 꼭 해 보는 게 좋습니다. 별도 답안지에 검은색 필기구(유성펜, 연필을 제외한 일반 볼펜 류)와 수정액, 수정 테이프만을 허용하는 등 아무래도 아이에게는 낯선 경험이기 때문입니다. 그리고 한자 시험의 특성상 훈음을 직접 적는 문제가 많은데, 통상적으로 쓰이는 훈음은 거의 정답으로 처리됩니다. 예를 들어 '아버지 부(父)와 아비 부', '아우 제(弟)와 동생 제' 등을 모두 정답으로 인정하는 것입니다. 다만 맞춤법이 틀리거나 두음법칙을 따르지 않으면 오답으로 보는 경우가 많습니다. '여자 녀, 계집 녀'는 다 맞아도 '녀자(女子), 로인(老人)'으로 적었다면 틀리는 것입니다.

한자 공부는 무작정 암기보다는 글자에 익숙해지는 과정이 중요합니다. 이 같은 반복 학습이 한자 시험 합격과 그로 인한 성취감, 앞으로의 공부 습관에도 큰 도움이 될 것입니다.

한자능력검정시험 **8級**	50문항 / 50분 시험 / 시험일자 : 2020.05. 30
	* 성명과 수험번호를 쓰고 답안지는 함께 제출하세요.
	성명 ( ) 수험번호 □□□-□□-□□□□

[문제 1-10] 다음 글의 ( ) 안에 있는 漢字한자의 讀音(독음 : 읽는 소리)을 쓰세요.

〈보기〉
音 → 음

[1] 나는 초등(學)

[2] (校)

[3] (三)학년입니다.

[4] 우리 (敎)

[5] (室)은

[6] (西)쪽에 있습니다.

[7] 나는 (先)

[8] (生)님을

[9] (父)

[10] (母)님 다음으로 좋아합니다.

[문제 11-20] 다음 훈(訓:뜻)이나 음(音:소리)에 알맞은 漢字한자를 〈보기〉에서 찾아 그 번호를 쓰세요.

〈보기〉

① 萬 ② 水 ③ 火 ④ 人
⑤ 五 ⑥ 北 ⑦ 七 ⑧ 土
⑨ 木 ⑩ 王

[11] 사람

[12] 북

[13] 왕

[14] 물

[15] 일곱

[16] 토

[17] 일만

[18] 불

[19] 오

[20] 나무

[문제 21-30] 다음 밑줄 친 말에 해당하는 漢字한자를 〈보기〉에서 찾아 그 번호를 쓰세요.

〈보기〉

① 金　② 外　③ 長　④ 東
⑤ 山　⑥ 兄　⑦ 月　⑧ 韓
⑨ 九　⑩ 白

[21] 야구 경기의 한 팀은 아홉 명 입니다.

[22] 대장간에서는 쇠를 두드려 농 기구를 만듭니다.

[23] 아직 바깥 날씨는 춥습니다.

[24] 이번 경기 역시 한국이 일본을 이겼습니다.

[25] 멀리서 흰 연기가 피어오르는 것을 보았습니다.

[26] 둘 중에 긴 쪽의 물건을 가져 오면 됩니다.

[27] 지난 주말에는 단풍 구경을 하러 가을 산에 올랐습니다

[28] 오늘 따라 밤하늘의 달이 더욱 밝아 보였습니다.

[29] 해가 동쪽 언덕 너머로 느릿 느릿 떠올랐습니다.

[30] 동네 형과 함께 고기를 잡으러 냇가에 갔습니다.

[문제 31-40] 다음 漢字한자의 훈(訓: 뜻)과 음(音:소리)을 쓰세요.

〈보기〉
音 → 소리 음

[31] 大
[32] 靑
[33] 南
[34] 八
[35] 日
[36] 國
[37] 寸
[38] 十
[39] 軍
[40] 民

[문제 41-44] 다음 漢字한자의 훈(訓: 뜻)을 〈보기〉에서 찾아 그 번호를 쓰세요.

〈보기〉

① 아우   ② 여섯
③ 가운데   ④ 여자

[41] 弟

[42] 女

[43] 六

[44] 中

[문제 45-48] 다음 漢字한자의 음(音: 소리)을 〈보기〉에서 찾아 그 번호를 쓰세요.

〈보기〉

① 사   ② 문   ③ 소   ④ 년

[45] 門

[46] 小

[47] 年

[48] 四

[문제 49-50] 다음 漢字한자의 진하게 표시한 획은 몇 번째 쓰는지 〈보기〉에서 찾아 그 번호를 쓰세요.

〈보기〉

① 첫 번째   ② 두 번째
③ 세 번째   ④ 네 번째
⑤ 다섯 번째   ⑥ 여섯 번째
⑦ 일곱 번째   ⑧ 여덟 번째
⑨ 아홉 번째   ⑩ 열 번째

[49] 水

[50] 弟

♣ 수고하셨습니다.

수험번호 □□□-□□-□□□□   성명 □□□□□

생년월일 □□□□□□   * 유성 사인펜, 붉은색 필기구 사용 불가.

* 답안지는 컴퓨터로 처리되므로 구기거나 더럽히지 마시고, 정답 칸 안에만 쓰십시오.

　글씨가 채점란으로 들어오면 오답처리가 됩니다.

제1회 전국한자능력검정시험 8급 답안지(1)

번호	정답 (답안란)	1검	2검	번호	정답 (답안란)	1검	2검
1				13			
2				14			
3				15			
4				16			
5				17			
6				18			
7				19			
8				20			
9				21			
10				22			
11				23			
12				24			

감독위원		채점위원(1)		채점위원(2)		채점위원(3)	
(서명)		(득점)	(서명)	(득점)	(서명)	(득점)	(서명)

* 본 답안지는 컴퓨터로 처리되므로 구겨지거나 더럽혀지지 않도록 조심하시고 글씨를 빈 칸에 또박또박 쓰십시오.

제1회 전국한자능력검정시험 8급 답안지(2)

번호	정답	1검	2검	번호	정답	1검	2검
25				38			
26				39			
27				40			
28				41			
29				42			
30				43			
31				44			
32				45			
33				46			
34				47			
35				48			
36				49			
37				50			

* 정답은 145쪽을 보세요.